南汉二陵博物馆丛书

发现 保护 传承

"十三五"时期广州城市考古与文物保护利用成果

广州市文物考古研究院
南汉二陵博物馆

编著

文物出版社

图书在版编目（CIP）数据

发现·保护·传承:"十三五"时期广州城市考古与文物
保护利用成果 / 广州市文物考古研究院, 南汉二陵博物馆
编著 . -- 北京: 文物出版社, 2023.10
　　ISBN 978-7-5010-7857-8

　　Ⅰ . ①发… Ⅱ . ①广… ②南… Ⅲ . ①古城遗址
（考古）－研究－广州②文物保护－研究－广州 Ⅳ .
① K878.34 ② K872.651

中国版本图书馆 CIP 数据核字 (2022) 第 205418 号

发现·保护·传承

"十三五"时期广州城市考古与文物保护利用成果

编　　著: 广州市文物考古研究院　南汉二陵博物馆
责任编辑: 李　睿　吕　游
责任印制: 王　芳
出版发行: 文物出版社
社　　址: 北京市东城区东直门内北小街 2 号楼
网　　址: http://www.wenwu.com
经　　销: 新华书店
设　　计: 雅昌文化（集团）有限公司
印　　制: 雅昌文化（集团）有限公司
开　　本: 889mm × 1194mm　1/16
印　　张: 15.25
版　　次: 2023 年 10 月第 1 版
印　　次: 2023 年 10 月第 1 次印刷
书　　号: ISBN 978-7-5010-7857-8
定　　价: 368.00 元

发现·保护·传承——"十三五"时期广州城市考古与文物保护利用成果展
策展团队

学术委员会：王　强　邝桂荣　吕良波　朱明敏　闫晓青　陈　馨　张强禄
　　　　　　易西兵　黄洪流
总　策　划：易西兵
策　　　划：黄洪流　张强禄　王　强
项目监理：王　强
项目负责：陈　馨
项目助理：王斯宇　王　慧
特别支持：朱明敏　吕良波　程　浩　曹耀文
大纲编写：陈　馨（主创）
　　　　　　吕良波　胡晓宇　范旨祺　曹耀文　程　浩　张　希　覃　杰
　　　　　　谷俊杰　黄碧雄　饶　晨　张百祥　王　慧　宋中雷　黄　浩
　　　　　　牛　沛　温敬伟
形式设计：唐梵婷　陈　馨　龚晓清
文创研发：张丽媛
文物筹备：陈　馨　龙丽朵　王斯宇　王　慧　邝桂荣　莫慧旋　黄　婷
文物修复：吕良波　韩炜师　袁琳芳　蒋礼凤
多媒体支持：易　偲　郭怡乐　鲜伟聪　王佳鑫
施工管理：郑立华　陈　馨
观众调查：吴昊天（实习生）及志愿者
陈列布展：陈　馨　王斯宇　邝桂荣　龙丽朵　黄　婷　莫慧旋　郑立华
　　　　　　肖　洵　王如诗　许怀展　林秀玲　等
宣传推广：陈　馨　孙玉霞　郑立华　郭怡乐　黄依桐　等
社会教育：陈　馨　肖　洵　王如诗　郑立华　吕良波　曹耀文　程　浩
　　　　　　朱明敏　李克义　许心影　陈小娟　杨海凤　王佳鑫　等
联络保障：郑立华　陈建彤
安全保卫：容　健　蚁东熙　陈华坚　梁开胜
物业主管：高　超

720°全景云展览

目 录

发现 保护 传承

——"十三五"时期广州城市考古与文物保护利用成果展

前 言

　　党的十八大以来，习近平总书记多次就文物考古研究、历史文化遗产保护和传承等工作作出重要批示和指示。"十三五"时期（2016～2020年），我国文物工作取得开创性、历史性成就，在新时代谱写出浓墨重彩的篇章。

　　"十三五"时期也是广州文化遗产事业快速发展的五年。法规制度日益完善，城市考古成果丰硕，文物保护成绩显著，文物利用亮点纷呈。文化遗产保护成果极大地充实了广州的历史文化名城内涵，丰富了全社会的历史文化滋养。

　　2021年是中国共产党成立100周年，是中国现代考古学诞生100周年，也是"十四五"开局之年。我们通过举办本展览向社会各界汇报过去五年广州城市考古和文物保护利用工作取得的主要成绩，让公众及时分享广州文化遗产保护新成果，领略广州的深厚底蕴和独特魅力。

第一部分

发现 城市文脉

考古工作是展示和构建中华民族历史、中华文明瑰宝的重要工作。

　　"十三五"时期，广州配合国有土地收储和城市基本建设工程，开展考古项目1479宗。其中，完成考古调查项目929宗，调查面积20226万平方米；勘探项目481宗，勘探面积约1240万平方米；发掘项目69宗，发掘面积4.57万平方米，发掘新石器时期至清代墓葬2380座，出土各类文物13016件（套）。这些考古发现，让广州的城市记忆和历史图景更加丰满、鲜活生动。

先秦遗存

"十三五"时期，广州先秦时期考古取得突破性进展。增城墨依山，黄埔马头庄、茶岭、甘草岭、沙岭、大贤墩、烧瓦窑，以及广东广雅中学等地发现的新石器时代晚期至战国时期遗址和墓葬，为探索秦统一岭南以前珠江三角洲地区的人类社会面貌、文化交流融合提供了重要实物资料。

马头庄遗址

　　位于黄埔区九佛街道红卫村，地处中新广州知识城北起步区。2019 年底至 2020 年 6 月，配合广州开发区 ZSCB-A5-1 地块出让工作进行抢救性考古发掘。发现新石器时代晚期及两周时期墓葬 65 座、灰坑 149 个、柱洞 272 个、房址 3 处，出土文物 107 件（套）。尤其是通过土样浮选获取一批炭化栽培稻等植物遗存，为研究水稻驯化、农业起源、古人类生计方式及环境演变等提供了新的材料。

马头庄遗址全景

H125 出土炭化稻(粳亚种)

H125 出土水稻穗轴

H125 出土其他种子
（蔷薇科、苋属、柃木、牛筋草）

灰坑 H125 剖面地层堆积

H125 填土富含有机质, 检出多种植物种子。

扫一扫　看三维

1 **新石器时代·双肩石铲** 长 18.2、肩宽 8.6、柄宽 4.6、厚 2.5 厘米

2 **新石器时代·双肩石钺** 长 12.5、肩宽 7.6、柄宽 3.9、厚 1.3 厘米

3 **新石器时代·玉玦 (jué)** 外径 5、内径 2.6、厚 0.6 厘米

钺、铲既可以作为武器，也可作为生产用具，无使用痕迹的大型器物也可能是礼仪用具。

玉玦是中国古代的传统玉器，《左传》记载"如环而缺不连"。考古发现至迟新石器时代已经出现玦。由于人骨未能保存，我们难以判断广东地区玉玦具体的佩戴方式，但男女墓皆有随葬。

2019 年黄埔区马头庄遗址 M66 出土

4 **新石器时代·双肩石锛** 长 4.5、柄宽 2.5、厚 1.5 厘米

5 **新石器时代·石锛** 长 12.6、最宽 3.9、厚 3.1 厘米

6 **新石器时代·砺石** 长 15.8、宽 14.4、高 8 厘米

石锛是新石器时代人类应用最为广泛的砍伐、耕作工具。砺石用于打磨石器或青铜器刃部。

2019 年黄埔区马头庄遗址出土

7   8
扫一扫　看三维

原始瓷豆是西周春秋时期广州
地区常见的礼仪用器。

7 **春秋·原始瓷豆**　口径 15、足径 6.6、高 7.3 厘米

8 **西周·原始瓷豆**　口径 9.6、足径 5.5、高 6 厘米

2019 年黄埔区马头庄遗址 M3、M62 出土

茶岭、甘草岭遗址

　　位于黄埔区九龙镇（现龙湖街）汤村盘铭里西南部的两个山岗，南北仅隔一水塘。发现的先秦时期墓葬（M）、灰坑（H）、柱洞（Z）等遗迹与遗物基本相同。

　　茶岭遗址清理出新石器时代晚期至夏商之际的墓葬 174 座、普通灰坑 111 座、窑穴类灰坑 19 座、柱洞 302 个，出土陶、石、玉等不同质地文物 500 余件（套）。另清理宋代墓葬 1 座，明清时期的窑址 1 处、房基 1 座、墓葬 2 座。

　　甘草岭遗址清理新石器时代晚期至战国阶段的墓葬 170 座、普通灰坑 77 个、窑穴类灰坑 4 个、灰沟 3 条、柱洞约 40 个，出土陶、石、玉等不同质地文物 200 余件（套）。

甘草岭

玉琮

长身石铲

黑彩陶罐

茶岭

茶岭、甘草岭遗址考古发掘现场

茶岭遗址

　　2017 年 8 月至 2018 年 2 月，配合狮龙大道项目开展发掘工作。通过对茶岭浮选出的炭化水稻样品进行检测得知，遗址年代为距今 4500 ～ 3700 年。该遗址可能是当时一处小型中心聚落，与农业定居、人口增加、社会复杂化关系密切。

茶岭遗址中心区域(局部)

　　茶岭遗址为新石器时代晚期，墓葬随葬器物组合多为陶鼎、陶豆、石锛，少数有陶罐、玉玦等。普遍有碎物葬的习俗，即把完整陶器有意打碎铺在墓底，或分别把碎片放在墓底或填土中。碎物葬习俗所打碎散布的器物一般是罐和豆，而直口圆腹圈足罐基本完整，即使破碎也能保持原始器形，可能是该地独特葬俗的一种体现。

茶岭遗址墓葬出土陶釜形鼎、豆、罐与石锛

<table>
<tr><td>9</td><td></td></tr>
<tr><td>10</td><td>11</td></tr>
</table>

9　**新石器时代 · 陶豆**　口径 18.6、足径 14.6、高 14.7 厘米

10　**新石器时代 · 陶釜**　口径 11.7、腹径 13、高 10 厘米

11　**新石器时代 · 陶罐**　口径 12.6、腹径 29.2、高 24 厘米

2017 年黄埔区茶岭遗址 M40、M62、M161 出土

12 新石器时代·陶鼎 口径 12、高 20.3 厘米

2017 年黄埔区茶岭遗址 M133 出土

13 | 14
15

13 **新石器时代·玉镯** 外径 6.7、内径 6.3、高 4 厘米

14 **新石器时代·玉镯** 外径 5.4、内径 5、高 2.5 厘米

15 **新石器时代·玉钺** 长 12.1、宽 5.3、厚 0.3、孔径 0.2 厘米　　　　即便是珍贵难得的玉器，很多也是破碎后随葬的。

2017 年黄埔区茶岭遗址 M56、M135、M52 出土

16 **新石器时代·直口鼓腹圈足陶罐** 口径 7.3、腹径 11.3、足径 7.5、高 10.6 厘米

2017 年黄埔区茶岭遗址 M48 出土

沙岭遗址

位于黄埔区九龙镇（现龙湖街）汤村南部，地处中新知识城范围。配合 2017 年狮龙大道建设与 2020 年广州橙行智动汽车科技产业园建设项目分别进行了发掘。

100 多座西周晚期至春秋阶段的长方形竖穴土坑墓是沙岭遗址最重要的考古发现，墓葬多为东西向，大致顺山势排列，相互之间基本没有叠压打破关系。2020 年又清理出可能与墓地排水及茔域划分有关的弧形沟，说明当时墓葬地表可能有标识，且统一管理整个墓地。

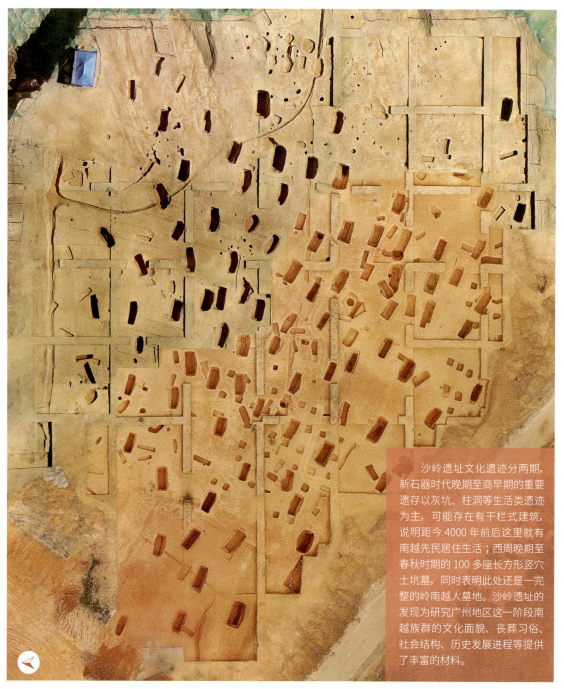

沙岭遗址文化遗迹分两期，新石器时代晚期至商早期的重要遗存以灰坑、柱洞等生活类遗迹为主，可能存在有干栏式建筑，说明距今 4000 年前后这里就有南越先民居住生活；西周晚期至春秋时期的 100 多座长方形竖穴土坑墓，同时表明此处还是一完整的岭南越人墓地。沙岭遗址的发现为研究广州地区这一阶段南越族群的文化面貌、丧葬习俗、社会结构、历史发展进程等提供了丰富的材料。

沙岭遗址发掘航拍（拼接右侧色深部分为 2017 年、左侧 2020 年发掘）

17	18
19	20

17 **春秋·铜钺** 长 9.6、宽 7.7、厚 2.2、銎口宽 1.6 厘米

18 **春秋·铜刮刀** 长 12.1、最宽 2.9、厚 0.1～0.5 厘米

19 **春秋·铜镞** 长 6.9、宽 1.8 厘米

20 **春秋·陶豆** 口径 12、足径 7.8、高 7.2 厘米

2020 年黄埔区沙岭遗址 M75 出土

M75 出土青铜器占较大比重，钺、刮刀、箭镞等青铜兵器与生产工具，搭配原始瓷或陶豆，是西周至春秋时期越人墓葬的典型器物组合。这与墓上存在祭祀坑、墓底铺石或铺沙等特征成为我们判断是否为越人墓的重要标准。M75 出土的靴型铜钺造型精美别致，具有典型的越式特征。

```
   21
22  |  23
```

21 **西周春秋 · 陶纺轮** 左直径 3.8、孔径 0.4、高 2.6 厘米

22 **西周春秋 · 水波纹陶片** 长 22.6、宽 15.6、最厚 1.4 厘米

23 **西周春秋 · 夔（kuí）纹陶片** 长 19、宽 13.4、最厚 1.2 厘米

M88 共出土纺轮 4 件、残陶片 4 片。完整器物仅有纺轮，且有 4 件，在广州同时期墓葬中较为罕见，可能与墓主人的身份和性别有关。

2020 年黄埔区沙岭遗址 M88 出土

24
—— 26
25

24 **春秋·铜镞** 长 2.8、宽 2.1、厚 0.2 厘米

25 **春秋·玉玦** 外径 2.7、内径 1.3、厚 0.6 厘米

26 **春秋·铜斧** 长 3.8、刀宽 4.6、銎口宽 0.6 厘米

2020 年黄埔区沙岭遗址 M91、M77、M100 出土

墨依山遗址

　　位于增城朱村街官田村。2016 年配合广州北三环高速二期工程建设项目开展考古发掘工作，发掘面积 1600 平方米。清理商至明清时期墓葬 127 座，出土各时期文物197 件（套）。以先秦墓地为主，是广州地区发现的第一个具有相当规模的商晚期墓地，填补了广州地区考古学文化序列的空白，对研究增江流域早期文明、广州地区历史文化源流有着十分重要的意义。

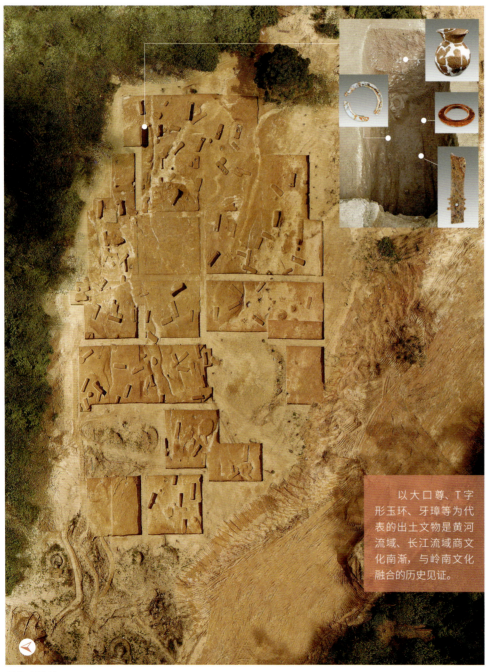

以大口尊、T 字形玉环、牙璋等为代表的出土文物是黄河流域、长江流域商文化南渐，与岭南文化融合的历史见证。

墨依山遗址

广东广雅中学莲韬馆复建工程项目先秦遗存

　　位于广州市荔湾区环市西路。2020 年，配合广东广雅中学莲韬馆复建工程建设开展考古发掘工作，清理古代文化遗存 188 处（其中墓葬 125 座），出土各类文物 470 余件（套）。最重要的发现是 41 座春秋战国时期墓葬，均为竖穴土坑墓，东西向排列有序，其埋葬方式、随葬品的形态都有统一且鲜明的特点。这是迄今考古发现距离广州古城最近、分布最集中的先秦时期遗存，为探索广州建城以前珠江北岸、越秀山附近的人类活动提供了重要实物资料，也为研究广州建城历史提供了重要线索。出土于不同墓葬的 4 件青铜甬钟也是广州考古第一次发现。

春秋战国时期墓葬分布情形(蓝色线框)

铜甬钟4件,分别出自M1、M7、M96、M105,同出的器物数量1～3件。其中M1、M96两墓平行,规模较大,都带有柱洞,属典型越人墓葬。

27 春秋战国·铜甬钟 长 14.9、宽 7、钮径 1.6～2 厘米

2020 年广东广雅中学莲韬馆复建工程项目 M96 出土

28 **春秋战国·铜甬钟** 长 21.8、宽 10.5、钮径 2.6～2 厘米

29 **春秋战国·原始瓷碗** 口径 10.1、足径 4.7、高 4.9 厘米

2020 年广东广雅中学莲韬馆复建工程项目 M1 出土

M2 为东西向竖穴土坑墓，出土随葬器物 8 件。铜鼎具有湖南地区越人的风格。T 形玉环断成四截，有孔缀连。此外还出土陶罐、铜剑、铜刮刀等。

30　春秋战国·铜鼎　口径 8.5、高 19 厘米

2020 年广东广雅中学莲韬馆复建工程项目 M2 出土

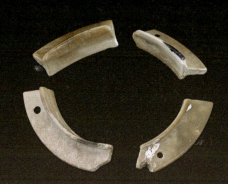

31 **春秋战国·玉剑首** 长径 3.8、短径 3、高 1.5 厘米

32 **春秋战国·T 形玉环** 宽 1、厚 0.9 厘米

31	32
33	34

33 **春秋战国·铜斧** 长 11.4、宽 4.1～6.4、厚 2；銎口长 3.3、宽 1.3 厘米

34 **春秋战国·砺石** 长 12.9、宽 2.7、厚 2.5 厘米

2020 年广东广雅中学莲韬馆复建工程项目 M2 出土

35 **春秋战国·玉玦** 外径 4.7、内径 1.9、厚 0.1 厘米

36 **春秋战国·玉玦** 外径 1.6、内径 0.8、厚 0.2 厘米

37 **春秋战国·陶豆** 口径 15.1、足径 10.2、高 10 厘米

38 **春秋战国·陶双耳罐** 口径 7.4、腹径 9.9、高 8.5 厘米

35	36
37	38

2020 年广东广雅中学莲韬馆复建工程项目 M9、M112、M57、M106 出土

古城记忆

广州是典型的古今重叠型城市，2200 余年来，以今中山四路、北京路为中心向四周拓展。"十三五"时期，广州古城考古不断有重要新收获。越秀北路发现宋代广州城东城东北角台，大佛寺南院区发现五代南汉大型建筑基址，中山六路发现宋代大型碣墩，解放中路出土大量唐宋时期遗物……这些考古成果为我们提供了关于不同历史时期广州城规模、布局，以及历史地理环境变迁等方面的更多信息。

越秀北路宋代城墙角台基址

位于越秀区越秀北路以东、东风中路以南。2016年配合广州市深层隧道排水系统东濠涌试验段孖鱼岗竖井地块项目发掘揭示出宋代东城东北角台基址，为确定广州宋代东城的东北界提供了考古遗存依据，具有重要的历史地理坐标意义。

越秀北路宋代城墙角台基址(蓝点)在宋代广州古城位置示意图   --- 宋代珠江北岸线

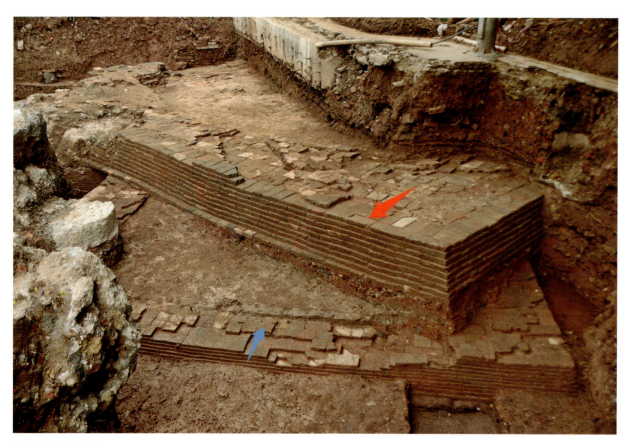

上层 宋代城墙角台
下层 五代南汉时期砖墙

中山六路 RJ-6/7 地块汉至清代遗址

　　位于越秀区中山六路以北、六榕路以东。发掘面积 2400 平方米，是近年来广州城市考古发掘面积最大的项目，入选"2020 年南粤古驿道重大发现"。揭露出唐代至民国时期的文化层，清理灰坑、磉墩、柱洞、台基、池、井、墙、沟、路、堤等遗迹 432 处，以发现的宋代磉墩最具规模，还出土了南越国时期的板瓦，不同历史时期的瓦当及其他建筑构件。

中山六路 RJ-6/7 地块宋代磉墩分布示意图

　　磉墩（sǎng dūn）是柱础下的承重结构。52 个磉墩，布局规整、排列有序，最大者边长 1.8 ～ 2.2 米，深 2.2 ～ 2.7 米，底部填以大石块，其上以砂石粉、细沙填充，再往上用黏土、碎砖瓦块和陶瓷片逐层夯筑，多达 13 ～ 15 层，十分坚固。

■ 规格较大，东西走向，可能是一座主体建筑北界

■ 规格最小，东西走向，打破主体建筑的磉墩，可能是后期改建

□□ 规格较小，南北走向，可能是廊式建筑

中山六路 RJ-6/7 地块出土陶瓷器、铁器、砖瓦等各类文物 2500 多件（套）。从功用来看，除了装饰丰富的建筑构件外，还有多样的饮食盛器、朴素的盛储器、体现生活意趣的香茶具，以及精致的奁、盒等生活用器；从产地来看，既有本地生产的，也有全国各地畅销的陶瓷器……它们承载了千年来不同时期广州人们的生活图景。遗址地处唐代广州城西、蕃坊以北，正是中外客商云集、各地商品汇聚之地。

中山六路 RJ-6/7 地块(蓝点)在唐五代广州古城位置示意图　　　　　　　- - - 唐五代时期珠江北岸线

39 **西汉南越国时期·绳纹板瓦** 长 27.5、宽 27.4、厚 1 厘米

40 **西汉南越国时期·绳纹筒瓦** 长 21.6、宽 13.7、厚 1.2 厘米

2020 年越秀区中山六路 RJ-6/7 地块出土

41
——— 42
43

41 西汉·云纹瓦当 直径 18.4、厚 1.8 厘米

42 五代南汉·青釉兽面纹瓦当 直径 13.3、厚 2.7 厘米

43 宋·卷草纹瓦当 直径 10.3、厚 2.4 厘米

2020 年越秀区中山六路 RJ-6/7 地块出土

瓦当即"瓦挡",是中国古代建筑檐头筒瓦前端的遮挡。该遗址出土的均为圆形。纹饰多样,有动物纹、植物纹、几何纹、文字等几大类。瓦当既有实用价值又有装饰作用,是中国古建筑屋顶上独特的建筑构件。

44 **明·花卉纹瓦当** 直径 13.5、厚 2.5 厘米

45 **明·莲花纹瓦当** 直径 16.6、厚 2.1、瓦筒残长 9.7 厘米

46 **清·月华纹瓦当** 直径 13.3、厚 3 厘米

2020 年越秀区中山六路 RJ-6/7 地块出土

47 **清·如意形牡丹纹滴水** 长 23.3、宽 24、厚 1.6 厘米

48 **五代南汉·兽头瓦** 长 40.2、宽 17.1～18、高 18.3 厘米

49 **五代南汉·象首形垂兽** 长 16.6、宽 15.6、高 12.4 厘米

47	
----	49
48	

扫一扫 看绘本

2020 年越秀区中山六路 RJ-6/7 地块出土

隋唐之前人们大多席地而坐，以席镇压于席之四角，避免起身落座时席子错位或折卷。

51 | 50
| | 52

50 南朝·青瓷席镇 直径 10.4、高 7 厘米

51 唐·青瓷插座 直径 11.4、高 10 厘米

52 唐·青瓷莲瓣纹插座 底座边长 19.4 厘米

2020 年越秀区中山六路 RJ-6/7 地块出土

53 五代南汉·青瓷盏（带盏托） 盏口径 10、足径 5.1、高 3.4；

托口径 14.8、足径 6.9、高 5；通高 6.3 厘米

2020 年越秀区中山六路 RJ-6/7 地块 J36 出土

保存基本完整，十分难得。作为考古学上的"标型器"，为判断五代时期同类器物提供了形态比较的标准。

54 **宋·双凤纹青瓷盒盖** 直径 11.6、高 3.5 厘米

55 **宋·青釉执壶** 口径 9.89、腹径 16.5、足径 9.5、高 24 厘米

2020 年越秀区中山六路 RJ-6/7 地块出土

56 宋·白地褐彩花卉纹陶奁 长 20.1、宽 13.5、高 7 厘米

2020 年越秀区中山六路 RJ-6/7 地块出土

57 | 58

57 **明·青花麒麟纹瓷盘** 足径 11.3、残高 3.1 厘米

58 **明·青花麒麟纹瓷盘** 口径 13.3、足径 5.9、高 3.3 厘米

2020 年越秀区中山六路 RJ-6/7 地块出土

解放中路安置房项目唐至清代遗址

　　位于越秀区解放中路以东、惠福西路以南。2018年8月至2019年7月，配合解放中路安置房项目进行考古发掘，在800平方米范围内发现晚唐、五代南汉、宋元明清时期丰富的文化遗存，出土各类文物近3000件（套），以晚唐五代时期居多。大量晚唐五代南汉陶瓷器和10余件木履是广州城市考古的重要新发现。厚6米多的文化层堆积、种类丰富的文物，见证了广州城的发展变迁。

地层堆积剖面

唐代河涌与陶瓷废弃堆积（局部）

　　解放中路安置房项目考古遗址除了出土丰富的生活用品、文房用品与娱乐器具，还有众多与骨器加工、制陶、纺织等手工业生产相关的遗物，也以晚唐五代时期居多，进一步证实了当时广州手工业门类丰富，并具有一定规模。

五代南汉时期的房址F2（白色〇为其立柱，木材主要为杉木或柏木）

59 | 60
———
| 61

59 **唐·青瓷碗** 口径 17.6、足径 8、高 7.7 厘米

60 **唐·白瓷碗** 口径 18.7、足径 7、高 5.7 厘米

61 **唐·青瓷碗** 口径 13.1、足径 5.6、高 4.8 厘米

2018 年越秀区解放中路安置房项目出土

62	
63	64

62 **北宋·青瓷盏托** 直径 12.1、足径 8.3、高 2.7 厘米

63 **北宋·"饮流"青瓷盏** 口径 10.4、足径 3.5、高 3.7 厘米

64 **北宋·陶碾轮** 直径 10.3、厚 2 厘米

盏托应为酒盏托，是浙江越窑的典型器物。青瓷盏盏心有"饮流"二字，表现了宋人喜饮茶或饮酒的风尚。陶碾轮可能为碾茶之用。

2018 年越秀区解放中路安置房项目出土

景德镇专为朝廷特供烧制的枢府瓷，
较为少见。尤其这件在碗底的花纹间可见
"枢府"二字。

65 **元·卵白釉"枢府"瓷碗** 口径 16、足径 4、高 4.5 厘米

2018 年越秀区解放中路安置房项目出土

66 唐·青瓷插座 长 17.8、宽 17.5、高 13.7 厘米

2018 年越秀区解放中路安置房项目出土

扫一扫　看三维

前为头，已破损，可见藏于"壳"下的两爪，后面是卷起的尾巴。背部内凹，用以研墨。小巧精致，便于随身携带。

67 唐·青瓷龟形砚 长 9.9、宽 7、高 2 厘米

2018 年越秀区解放中路安置房项目出土

68

扫一扫 看三维

68 **唐·陶箕形砚** 长 12.5、宽 9.5、高 2.4 厘米

69 **唐·褐釉水盂** 口径 3.1、腹径 7.2、足径 3.3、高 4 厘米　　　　　　均为文房用品。

2018 年越秀区解放中路安置房项目出土

青瓷瓶小巧，可能为文房清
供，作插花用。

70 **唐·青瓷水注** 口径 5.3、腹径 8.9、足径 4.4、高 6.4 厘米
71 **唐·青瓷瓶** 口径 2.9、腹径 5.6、足径 3、高 8.7 厘米

2018 年越秀区解放中路安置房项目出土

腰鼓是西域传入中国的一种乐器，在相关的壁画和贴塑上可见胡人使用腰鼓载歌载舞的场景。木器具体用途不明，可能为某种乐器上调弦的部件。

72 **唐·酱釉陶腰鼓** 长 16.6 厘米

73 **唐·木器** 长 7.4、孔径 3、高 5.5 厘米

2018 年越秀区解放中路安置房项目出土

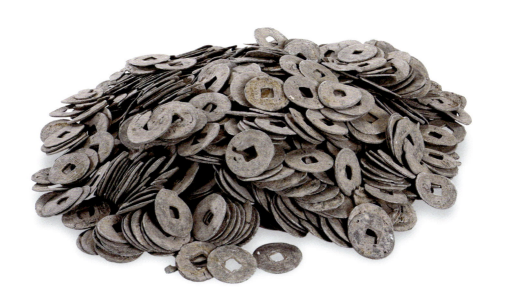

常言"南船北马",相对于发达的水
路交通,广州的陆路交通的确不及北方
发达,这里出土的马镫说明至少唐代广
州也有骑马的风俗。

74 **唐·铜马镫** 宽 13.05、高 24.8 厘米

75 **五代南汉·铅钱** 直径 2.4、厚 0.1 厘米

2018 年越秀区解放中路安置房项目出土

76

77 | 78

76 **唐·铁剪** 长 30.8、厚 0.1～0.49 厘米

77 **唐·铁镞** 残长 7.15 厘米

78 **唐·铁足** 长者长 25.1、宽 4.1、环径 4.6 厘米

铁器一组。有铁剪、铁足、铁镞、铁刀、铁锥。
铁足装置于竹篙底部，增强坚固耐用度。

2018 年越秀区解放中路安置房项目出土

79 **唐·铁刀** 长 43.6、宽 3.8 厘米

80 **唐·铁锥** 长 20.45 厘米

81 **唐·铁钩** 长 17.1 厘米

82 **唐·铜镊勺** 长 13.2 厘米

	79	
80		81
	82	

2018 年越秀区解放中路安置房项目出土

83 **唐·瓷网坠** 长 3.6、孔径 0.7、高 4.8 厘米

84 **唐·瓷纺轮** 外径 5、孔径 0.6、高 2.9 厘米

85 **唐·瓷纺轮** 外径 3.4、孔径 0.6、高 2.3 厘米

86 **唐·瓷纺轮** 外径 5.4、孔径 0.9、高 1.8 厘米

83	84
85	86

网坠用于系在渔网边沿，
使网迅速下沉。

2018 年越秀区解放中路安置房项目出土

　　解放中路安置房项目工地出土很多与陶瓷烧造有关的窑具，还有部分瓷器与窑具粘连，反映了当时陶瓷业的兴盛与贸易的繁荣。

　　从瓷器上的叠烧痕迹可以了解当时的陶瓷烧造技术。

87 **唐·青瓷器盖** 盖面径 25、高 6.8 厘米

88 **唐·窑具粘连青瓷碗** 残宽 14.8 厘米

2018 年越秀区解放中路安置房项目出土

89 **唐·陶垫圈** 径 8.7、高 7 厘米

90 **唐·陶垫圈** 径 6.5、高 4.3 厘米

91 **五代南汉·酱釉罐残片** 底径 19、残高 10.6 厘米

89	90
91	

垫圈是烧窑时支撑器物的垫饼，防止器物之间粘连。该酱釉罐底部粘连另一陶罐底残片。

2018 年越秀区解放中路安置房项目出土

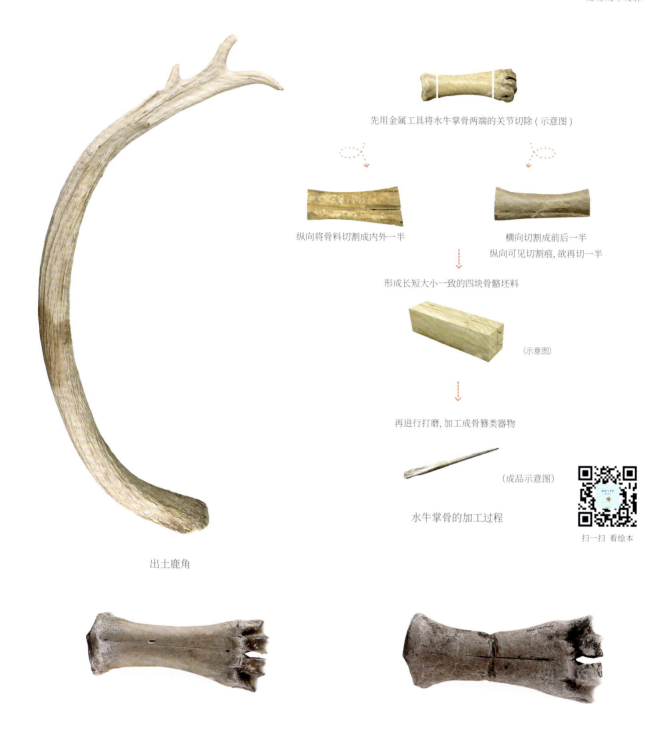

先用金属工具将水牛掌骨两端的关节切除 (示意图)

纵向将骨料切割成内外一半

横向切割成前后一半
纵向可见切割痕, 欲再切一半

形成长短大小一致的四块骨骼坯料

(示意图)

再进行打磨, 加工成骨簪类器物

(成品示意图)

水牛掌骨的加工过程

扫一扫 看绘本

出土鹿角

遗址发现的动物骨骼大多为水牛、鹿, 少量为马、羊等。骨料上多有切割、砍砸、刻划、打磨等加工痕迹。

这里重点体现出一个完整的牛掌骨是如何被加工分解成小部件的部分工序, 说明古人对骨料的充分利用。其实古代日常生活中不仅使用大量的陶瓷器, 应该也有很多木器、骨角器, 只是不易保存。

92 | 93

92 唐・水牛掌骨 长 18.7 厘米

93 唐・水牛掌骨 长 19.6 厘米

2018 年越秀区解放中路安置房项目出土

　　木履，泛指木头制作的鞋子，含没有鞋面的木屐，解放中路安置房项目考古出土19件唐末五代时期的木履，经鉴定均为杉木。有机材质在广州酸性土壤中极难保存，能一次出土这么多件木履非常难得，这是因为它们都出土于淤泥层中，属于饱水状态。唐代李白诗云"脚着谢公屐（jī）"，说的是南朝诗人谢灵运喜游山，特制的一种前后齿可装卸的木屐。木屐一般下面有齿（起防滑作用），鞋基前端安有绳带（木屐带）或木棒，穿着时用脚的食指和拇指夹住。本次出土的木履是有鞋面的，底部有的有齿，有的平底，直接套在布鞋或厚袜外穿用，应是为了应对岭南潮湿多雨的天气，又有防滑易清洗的便利。鞋头还有特别的造型装饰，有如意纹、双歧头等。

　　这些木履底部都有一定的磨损，可见是当时日常实用品，凸显出浓郁的生活气息。

明代朱之蕃
《临李公麟苏轼像》里的木履

清代外销画中的钉履

扫一扫 看三维　　扫一扫 看绘本

94 **唐·木履** 长 27、宽 9.1、高 7.1 厘米
95 **唐·木履** 长 29、宽 11、高 8.7 厘米

2018 年越秀区解放中路安置房项目出土

　　古人有两种常用的照明工具：一为烛台，即点蜡烛；二为油灯，燃料分植物油脂与动物油脂。有的油灯小巧简单形似茶盏，解放中路安置房项目出土的这类灯台体型巨大（高约 30 厘米）、器体厚重，造型较复杂，制作精良。由下面的底座、中间的灯盘、上方放油的腔体三部分组成，这种上小下大、上轻下重的设计，使它适合摆放在一个固定的位置。

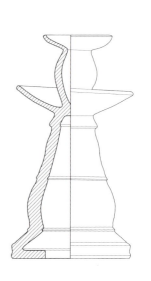

同样器形的灯台出土数量有十余件，这在其他考古发现中极为少见，应用于庄严隆重的场合，如宫殿、庙宇或祭祀、庆典之时，也有可能是外销品或专供"蕃坊"使用。唐宋时期，解放中路一带正是中外商人从事商品贸易聚居之地。

96 唐·青瓷灯台

口径 9.2、足径 16.5、高 30.5 厘米

扫一扫 看三维

2018 年越秀区解放中路安置房项目出土

扫一扫 看三维

唐代地层瓷器出土现场

解放中路安置房项目（蓝点）在唐五代广州古城位置示意图　　　－－－ 唐五代珠江北岸线

五代南汉建筑基址三维实景模型

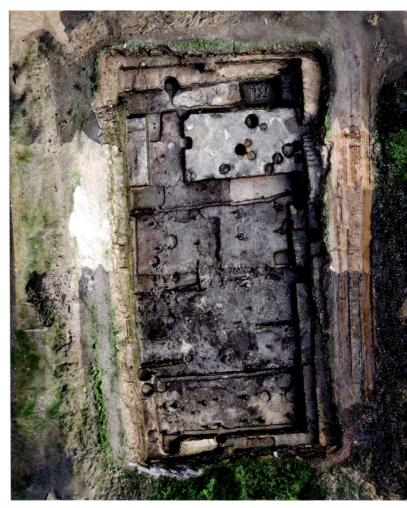

唐代建筑基址三维实景模型

广州市大佛寺南院区工地

位于越秀区惠福东路。2018 年至 2020 年，配合广州市大佛寺二期工程建设工作进行考古发掘，发现唐、五代、宋、明、清时期文化遗存，清理磉墩、灰坑、水井、路面等遗迹，出土了丰富的晚唐、五代及宋代时期的遗物。

唐代大规模陶器堆积

集中埋藏了坛、罐、碗、执壶等大量陶瓷器，总数超过 100 件，大部分残损。一些罐内放置有碗、小壶等器物，刚清理出土时还发现一些器物间有稻草残留。结合遗址的历史地理环境分析，附近很可能原有运输陶瓷器的码头，据此也表明唐代的珠江北岸就在今惠福西路一带。为探索古代广州城市布局、珠江岸线的变迁提供了重要的考古资料。

五代南汉时期建筑基址

分布面积约 900 平方米，经过至少三期修整。其规模较大、保存较完好、规格较高，很可能与佛寺或官府建筑有关，为研究五代南汉广州城市发展提供了重要考古材料。在其地表还出土数百片波斯蓝釉陶器碎片，为海上丝绸之路研究提供了重要新材料。

埋葬习俗

广州古城周边历史时期墓葬分布密集、时代跨度大。近五年考古发现的墓葬，仍以两汉墓葬最为丰富，出土的陶鸮形五联罐、"大亲"铜鼎、陶楼是不可多得的文物珍品。南朝"元嘉十七年"大型砖室墓为广州六朝墓断代研究提供了重要的新标尺。广东广雅中学工地宋墓呈现了一幅生动的家居饮食生活场景。

陂头岭遗址

　　位于黄埔区九龙镇（现龙湖街）黄田村村北。2016年7月至2017年1月，配合九龙湖工程建设进行抢救性考古发掘工作，发掘面积2000平方米，共清理战国晚期至西汉墓葬19座、清代墓葬2座，出土陶、铜器共64件（套）。其中M7是一座典型的西汉早期南越国时期的越人墓葬，出土器物12件。

陂头岭遗址发掘现场

　　M7是一座典型的越人墓葬，随葬品包括生活用器（陶盂、陶罐）、生产工具（青铜斧）、青铜兵器（剑、矛、镦）、书写工具（刮刀、研石、砚板）组成。随葬品中青铜剑和书写工具同时出现，可能暗示墓主人能文能武的身份特征。

M7全景

97	98
99	100

97 **西汉南越国时期·陶盂** 口径 9.5、底径 4.6、高 4 厘米

98 **西汉南越国时期·陶盂** 口径 8.8、底径 4、高 4 厘米

99 **西汉南越国时期·陶盂** 口径 8.9、底径 3.1、高 4.3 厘米

100 **西汉南越国时期·陶罐** 口径 10.8、底径 9.2、高 10 厘米

2017 年黄埔区陂头岭遗址 M7 出土

101 西汉南越国时期·铜剑 长 33.3、宽 3.4 厘米

2017 年黄埔区陂头岭遗址 M7 出土

102 **西汉南越国时期·铜斧** 长 7.7、宽 4.4 厘米

103 **西汉南越国时期·铜镦** 长 5.4、径 1.4～2.2 厘米

104 **西汉南越国时期·铜矛** 长 15 厘米

2017 年黄埔区陂头岭遗址 M7 出土

105 **西汉南越国时期·石砚** 长 9.9、宽 3.6、厚 0.9 厘米

106 **西汉南越国时期·研石** 长 4.6、高 3.7 厘米

107 **西汉南越国时期·铜刮刀** 长 6.7、宽 2 厘米

108 **西汉南越国时期·砺石** 长 10.4、宽 2、厚 1.2 厘米

105	106
107	108

2017 年黄埔区陂头岭遗址 M7 出土

广东广雅中学莲韬馆复建工程项目东汉砖室墓 M26

平面大致呈"中"字形，规模较大、结构讲究，墓室底部排水沟穿过后室向墓后延伸，这种结构在广州两汉墓葬中还是首例。该墓虽被严重盗扰，但在前室仍然出土了 50 余件（套）器物，其中的狗、牛、猪、鸡、鸭等家畜模型，制作精美，栩栩如生，是近年广州考古发掘不可多得的汉代陶质文物精品。

M26 前室

M26 全景

109 **东汉·陶牛** 长 26.3、宽 15.4、高 12.7 厘米

110 **东汉·陶牛** 长 25.8、宽 10.4、高 15.6 厘米

2020 年广东广雅中学莲韬馆复建工程项目 M26 出土

111	112
	113

111 东汉·陶猪 长 20.4、宽 8.7、高 14 厘米

112 东汉·陶羊 长 19.9、宽 9.6、高 17 厘米

113 东汉·陶猪 长 16.7、宽 5.9、高 7 厘米

2020 年广东广雅中学莲韬馆复建工程项目 M26 出土

114 **东汉·陶鸭** 长 18.7、宽 9.4、高 11.6 厘米

115 **东汉·陶鸭** 长 20.2、宽 9.6、高 12.2 厘米

116 **东汉·陶鸡** 长 15.1、宽 9.5、高 14.5 厘米

117 **东汉·陶狗** 长 28.3、宽 10.2、高 23.5 厘米

114	115
116	117

2020 年广东广雅中学莲韬馆复建工程项目 M26 出土

广州动物园升级改造项目汉至清代墓葬

位于越秀区先烈中路。2016年6月至12月，配合广州动物园升级改造项目建设进行抢救性考古发掘，发掘面积431平方米，清理古墓葬44座，其中汉墓12座、三国墓2座、东晋墓2座、南朝墓6座、唐墓8座、宋墓2座、明墓4座、清墓8座，出土陶器、铜器、玉器、金银器等各类文物558件（套）。M15为竖穴木椁墓，是典型的西汉早期，即南越国时期的汉人墓葬。

M15葬具及墓主人骨架均已朽无存。随葬器物主要放置在椁室西侧、南侧，少量在北侧和棺位。

M15 全景

118 **西汉南越国时期·玉环** 外径 6.4、内径 4.2 厘米

119 **西汉南越国时期·玉璧** 外径 18.2、内径 4.7 厘米

120 **西汉南越国时期·玉印章** 边长 1.8、高 1.3 厘米

	119
118	120

2016 年广州动物园升级改造项目 M15 出土

M15 出土软陶钫、陶盆、陶瓿、铜提筒、铜
镜、鎏金铜牌饰、玉璧、玉印章、金管等文物 45
件（套）。其中，鎏金铜牌饰与西汉南越王出土的
造型相近，具有北方草原民族文化的特点。

121 西汉南越国时期·鎏金铜牌饰 长 11、宽 5.7 厘米

2016 年广州动物园升级改造项目 M15 出土

122 西汉南越国时期·陶壶 口径 8、腹径 22.5、足径 17、盖高 4.1、通高 27.7 厘米

2016 年广州动物园升级改造项目 M15 出土

123 **西汉南越国时期·铜镜** 直径 19.5、厚 0.3 厘米

2016 年广州动物园升级改造项目 M15 出土

124 **西汉南越国时期·"志古"玉印章** 边长 1.9、高 1.4 厘米

2016 年广州动物园升级改造项目 M4 出土

125 东汉·陶楼 高 35.8 厘米

扫一扫 看绘本

2016 年广州动物园升级改造项目 M34 出土

126	127
128	

126 **东汉·陶方形直身罐** 口径 12、底边长 29.5、盖径 16.2、通高 32.2 厘米

127 **东汉·陶温酒樽** 口径 20、足径 20.9、盖径 20、通高 22.6 厘米

128 **东汉·玉片** 最长的长 3.5、宽 2.2、厚 0.5 厘米

2016 年广州动物园升级改造项目 M23 出土

广州港疗养院汉至清代墓群

位于越秀区横枝岗路。2018年7月至9月，配合广州港疗养院建设进行考古发掘，清理古墓葬23座（西汉墓7座），出土各类器物404件（套）。以西汉晚期M19最具特色，有双墓道，棺木朽痕，以及随葬器物南北对应，可推测椁室内为双棺，并置有器物架。随葬器物126件（套），井、仓、灶、屋等陶器与温酒樽、镜、细颈瓶、洗、提梁壶、剑、鼎等铜器也多是成对出土。

M19 全景

129 **西汉·铜戟** 长 30.9 厘米

130 **西汉·铜管** 长 13.5、径 2.3～3 厘米

131 **西汉·铜矛** 左长 42 厘米

129
—
130
131

2018 年广州港疗养院 M19 出土

132 **西汉·铜熏炉** 盖径 10.6、炉身口径 9.5 厘米

2018 年广州港疗养院 M19 出土

133 **西汉·铜提梁壶** 口径 11.5、足径 18、器身高 28、通高 32 厘米

2018 年广州港疗养院 M19 出土

134 **西汉 · 铜细颈瓶** 口径 4、足径 14.4、高 30.2 厘米

2018 年广州港疗养院 M19 出土

135 **西汉·铜三足釜** 口径 8.1、腹径 12.4、高 14.2 厘米

2018 年广州港疗养院 M19 出土

在盖与鼎身相对位置从右到左沿口沿方向刻划"大
亲"二字，或解读为"大帝""大辛"。"大亲"指父亲或
父母。汉贾谊中《新书·容经》："子之大亲，毋乃不宁乎。"
除了鼎，同墓中较大型铜壶的圈足位置也刻有此铭文。

136 西汉·铜鼎 口径 23、通高 23.4 厘米

2018 年广州港疗养院 M19 出土

137 **西汉·铜鼎** 口径 21.1、通高 22.6 厘米

2018 年广州港疗养院 M19 出土

138 西汉·铜温酒樽 口径 18.6、通高 21.1 厘米

2018 年广州港疗养院 M19 出土

环市东路犀牛北街 97 号住宅楼加装电梯井汉墓 M1

　　2019 年 12 月一则《广州越秀一小区加装电梯，竟挖出一个汉代古墓》消息不胫而走。虽然发掘面积不到 10 平方米，抢救发掘时间短短 6 天，但因为关乎民生，受到市民普遍关注。在居民楼包围下、众人瞩目中开展的考古工作也别开生面。出土文物 50 余件（套）。M1 墓虽因条件所限不能全面揭露，但该墓形制与器物均保存相对完好，非常难得，年代为西汉末东汉初。

木棺

考古发掘现场

M1 椁室

　　广州地区的土壤酸性强，有机物易朽，而该墓可见完整的椁板、棺木，是因为本身所在位置地势较高，并在椁边板的内外侧、器物箱的外侧皆铺有较广较厚的白膏泥，起到防水防腐美饰的作用。

1956 年广州西村皇帝岗西汉墓 M2050 出土木船模型

为人物形象,与 1956 年广州西村皇帝岗西汉墓 M2050 出土木船上的艄公形象极为相近。

139 汉·木俑 左高 11、右高 11.7 厘米

2019 年越秀区环市东路犀牛北街 97 号住宅楼加装电梯井汉墓 M1 出土

140	141
142	143

木构件一组，其具体用途及位置不明。

140 **汉·木构件** 长 11.35 厘米

141 **汉·木构件** 长 12.5 厘米

142 **汉·木构件** 长 8.5 厘米

143 **汉·木构件** 长 11 厘米

2019 年越秀区环市东路犀牛北街 97 号住宅楼加装电梯井汉墓 M1 出土

144 **汉·木构件** 长 11 厘米

145 **汉·木构件** 长 10.6 厘米

146 **汉·木构件** 高 7.7 厘米

147 **汉·陶温酒樽** 口径 19.7、通高 29 厘米

144	145
146	147

2019 年越秀区环市东路犀牛北街 97 号住宅楼加装电梯井汉墓 M1 出土

148 汉·陶胡人俑座灯 残高 22.7 厘米

2019 年越秀区环市东路犀牛北街 97 号住宅楼加装电梯井汉墓 M1 出土

149 **汉 · 陶三足釜**　口径 9.7、通高 22.7 厘米

2019 年越秀区环市东路犀牛北街 97 号住宅楼加装电梯井汉墓 M1 出土

150

151 152

棺内东侧出土有一铜带钩及五铢铜钱，南侧有
一完整铜镜，铭文为"内清以昭明，光象夫日月"，
每个铭文间以"而"字间隔。

150 **汉·铜镜** 直径 10.7、缘厚 0.65、钮处厚 0.96 厘米

151 **汉·铜带钩** 长 11、宽 1.9 厘米

152 **汉·五铢钱** 直径 2.2～2.5 厘米

2019 年越秀区环市东路犀牛北街 97 号住宅楼加装电梯井汉墓 M1 出土

153 **汉·玉剑璏** 长 9、宽 4.5、厚 2 厘米

154 **汉·铜剑** 长 82.5 厘米

棺内中部随葬一把带有玉剑璏（zhì，固定在剑鞘上，以穿绳挂于腰间的饰物）的铜剑。

2019 年赵秀区环市东路犀牛北街 97 号住宅楼加装电梯井汉墓 M1 出土

麓湖公园南入口等节点景观提升工程项目汉至清代墓葬

位于越秀区麓湖公园路东南侧。2019 年 7 月至 12 月，配合麓湖公园南入口等节点景观提升工程项目建设，清理墓葬 59 座，其中汉墓 12 座、晋南朝墓 13 座、唐墓 2 座、宋墓 1 座、明墓 5 座、清墓 26 座，出土陶器、青铜器、铁器、珠饰等文物近 500 件（套），以汉晋南朝墓葬出土文物最为丰富。

麓湖公园项目考古现场

155 西汉·日光铜镜 直径 9.2、厚 0.8 厘米

2019 年越秀区麓湖公园南入口等节点景观提升工程项目 M25 出土

156 **西汉·釉陶匏壶** 口径 2.7、腹径 13.8、足径 9.4、高 19.2 厘米

2019 年越秀区麓湖公园南入口等节点景观提升工程项目 M26 出土

157 **汉·陶提桶** 口径 16.8、底径 18.1、通高 33.9 厘米

2019 年越秀区麓湖公园南入口等节点景观提升工程项目 M27 出土

158 **汉·釉陶四耳罐** 口径 7.8、腹径 20.3、底径 13.5、通高 19 厘米

159 **汉·鸭首陶勺** 柄长 6.4、高 10.5 厘米

2019 年越秀区麓湖公园南入口等节点景观提升工程项目 M27 出土

含 1 颗琥珀狮、1 颗琥珀珠、1 颗玛瑙珠、20 颗红玉髓珠、7 颗黄水晶珠、2 颗玉珠、玻璃珠 228 颗。

160 汉·珠串饰 琥珀狮长 2.5、宽 0.9、高 1.4 厘米

2019 年越秀区麓湖公园南入口等节点景观提升工程项目 M28 出土

161 **汉·釉陶四耳罐** 口径 16、腹径 29.3、底径 19.6、通高 30.3 厘米

2019 年越秀区麓湖公园南入口等节点景观提升工程项目 M28 出土

162 **汉·釉陶小口壶** 口径 2.7、腹径 13.8、足径 9.4、高 19.2 厘米

2019 年越秀区麓湖公园南入口等节点景观提升工程项目 M28 出土

163 **汉·陶灯** 口径 10、足径 16、高 39.5 厘米

2019 年越秀区麓湖公园南入口等节点景观提升工程项目 M28 出土

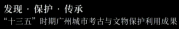

扫一扫 看三维

底文字拓片

164 汉·鸮（xiāo）形陶五联罐

长 21.7、宽 21.2、通高 13.5 厘米

五联罐造型独特而生动，广州出土仅此一件。由四大罐和中心一小罐组成，各罐以泥梁连接，不相通，均有盖。五罐造型均仿鸮（猫头鹰）、盖为首，作双眼、尖喙，盖身作出双翅及尾巴。通体饰羽纹。大罐器底均刻有文字。

2020 年荔湾区广钢新城 AF040234 地块 M4 出土

扫一扫 看三维

广州市胸科医院汉至清代墓群

位于越秀区横枝岗路。2017 至 2019 年，配合广州市胸科医院建设项目，清理西汉至明清墓葬 282 座。

2018 年发掘的 M43 是西汉时期带墓道的竖穴分室木椁墓，墓坑平面呈"中"字形。应与旁边的 M42 为同茔异穴合葬墓，就是夫妻共用一个坟丘但却不在同一墓穴中的一种墓葬形式。

器物主要位于棺外南侧与前室，共随葬陶罐、鼎、温酒樽、壶、匏壶、灯、仓、灶、耳杯、熏炉、铜镜、玛瑙饰品等器物 92 件（套），其中出土了一套 15 件小型明器（专为随葬而制的器物），仿实际生活中的日用陶器，造型可爱别致。

M43、M42 俯视图（正投影）

明器出土一角

M43 全景

165 **西汉·陶耳杯** 长 8.3、宽 7.3、高 3.3 厘米

166 **西汉·陶小壶** 口径 2.9～3、腹径 6.6～6.9、足径 4.2～4.5、高 7.9～7.6 厘米

167 **西汉·陶小匏壶** 口径 1.1～1.4、腹径 7.2～7.8、足径 3.9～5、高 6.2～8.4 厘米

2018 年广州市胸科医院 M43 出土

168 **西汉·陶小盂**　口径 2.7～4.5、腹径 3.9～6.5、足径 1.9～4.4、高 2.3～4.3 厘米

169 **西汉·陶双联罐**　口径 2.7～3.3、腹径 5.7～6.4、足径 3.6～4、高 3.5～3.9 厘米

2018 年广州市胸科医院 M43 出土

170 **西汉·陶鹿座灯** 灯盏口径 9.1、底座长 11.5、底宽 5.9、高 14.5 厘米

2018 年广州市胸科医院 M59 出土

2018 年发掘的 M30 为凸字形券顶砖室墓，券顶部分砖有"永嘉七年 癸酉永保休祥"等字样，永嘉七年为 313 年。该墓曾被盗，葬具及墓主人骨架均已朽无存，随葬青瓷钵、四耳罐、盏，铜矛等器物 12 件（套），为晋墓断代提供了重要的标型器。

M30 随葬器物出土现场

M30 券顶铭文

M30 全景

171 **西晋·青釉壶** 口径 12、腹径 20.5、底径 11.9、通高 21 厘米

172 **西晋·青釉盅** 口径 9.9、足径 9.31、通高 11.5 厘米

2018 年广州市胸科医院 M30 出土

173 174 / 175

173 **西晋·青釉钵** 口径 13.2、腹径 15.3、底径 7.6、高 8.5 厘米

174 **西晋·青釉盏** 口径 7.9、底径 4.1、高 2.8 厘米

175 **西晋·青釉小口壶** 口径 1.8、腹径 8.6、足径 8.1、高 5.8 厘米

2018 年广州市胸科医院 M30 出土

176 **东晋·青釉盏** 口径 8.3、底径 5.4、高 3.4 厘米

177 **东晋·青釉钵** 口径 18.5、底径 14.4、高 6.8 厘米

178 **东晋·青釉碗** 口径 16.7、底径 10.4、高 6.7 厘米

176	
177	178

2018 年广州市胸科医院 M24 出土

179 **东晋·青釉四耳罐** 口径 9、腹径 20.1、底径 11、高 17 厘米

179 | 180
180 **东晋·青釉器盖** 盖径 16、高 7.1 厘米

179 | 181
181 **东晋·青釉鸡首壶** 口径 6.5、腹径 15.2、底径 9.6、高 15.8 厘米

2018 年广州市胸科医院 M24 出土

　　2018 年发掘的 M41 引人注目，其规模之大、结构之精、保存之完整，为广州考古 60 余年首见。后室墓壁发现"元嘉十七年"（440 年）铭文砖，为南朝墓葬的分期断代提供了重要的标尺，对研究广州地区南朝时期的墓葬形制、建筑水平及瓷器制造业具有十分重要的意义。

南朝墓 M41、M42 与东晋墓 M49、M50

元嘉十七年纪年砖

扫一扫　看三维

M41（前为封门）

182	183
184	185

182 **南朝·青釉小碗** 口径 8.3、足径 4、高 4.6 厘米

183 **南朝·青釉盘** 口径 15.2、底径 13.8、高 2.4 厘米

184 **南朝·青釉唾壶** 口径 9.3、腹径 12.6、足径 8.9、高 11.8 厘米

185 **南朝·青釉四足砚** 口径 16、腹径 16.5、高 5.6 厘米

2018 年广州市胸科医院 M41 出土

186 **南朝·青釉壶** 口径 14.4、腹径 13.5、足径 9、高 9.7 厘米

187 **南朝·青釉鸡首壶** 口径 7.5、腹径 12.7、底径 9.5、高 20.8 厘米

2018 年广州市胸科医院 M41 出土

188 南朝·青釉三足炉 炉身口径 10、底盘径 14.7、通高 13.6 厘米

2018 年广州市胸科医院 M41 出土

189 **南朝·滑石猪一组** 长 5.9 厘米

190 **南朝·滑石猪一组** 残长 5 厘米

191 **南朝·滑石猪一组** 长 7 厘米

192 **南朝·滑石猪一组** 长 5.9 厘米

189	190
191	192

2018 年广州市胸科医院 M41 出土

松仔岗、龙井山商至明代墓群

位于增城经济开发区。2016、2017 年配合增城开发区核心区汽车零部件产业园一期用地项目，清理商、东汉、晋南朝、唐至明时期古墓葬 26 座，出土文物 183 件（套）。其中，晋南朝墓 18 座，分布密集、结构保存完好，是广州古城区以外首次发现，也是增城地区考古发现最大规模的晋南朝墓群。尤其是 M10 出土青釉多格盘底部刻有"永和六年"（350 年）纪年文字，为墓葬断代提供了直接证据。

龙井山南坡墓葬分布

M10 墓室

193 **东晋·青釉钵** 口径 15.2、足径 10.4、高 8 厘米

194 **东晋·青釉钵** 口径 8、底径 4.2、高 4.8 厘米

195 **东晋·青釉盆** 口径 32.4、足径 24、高 8.4 厘米

	194
193	195

2017 年增城区龙井山 M10 出土

底部阴刻"昔故议郎刘□□永和六年□□甲子造"。　　196 **东晋·青釉多格盘** 上径 14.8、底径 15.2、高 3.8 厘米

2017 年增城区龙井山 M10 出土

197 **东晋·青釉勺** 长 8 厘米

198 **东晋·青釉唾壶** 口径 7.7、腹径 11.8、足径 9.3、高 9.6 厘米

199 **东晋·青釉鸡首壶** 口径 7.5、腹径 13.4、底径 9.6、高 16.3 厘米

197	
198	199

2017 年增城区龙井山 M10 出土

200 **东晋·青釉虎子** 长 30.6、宽 16.3、高 20.6 厘米

2017 年增城区龙井山 M10 出土

201 **东晋·青釉砚台** 上径 20、底径 18、高 3.6 厘米

202 **东晋·青釉砚台** 直径 11.4、高 2 厘米

2017 年增城区龙井山 M10 出土

①	②	③
④	⑤	⑥

203 铜钱 一组

①②新莽·人泉五十铜钱

直径 2.7、厚 0.2 厘米

直径 2.5、厚 0.1 厘米

③汉·五铢铜钱

直径 2.2、厚 0.1 厘米

④⑤三国吴·大泉二千铜钱

直径 3.1、厚 0.2 厘米

直径 3.1、厚 0.2 厘米

⑥三国吴·大泉五百铜钱

直径 2.8、厚 0.2 厘米

$\dfrac{204}{205}$

204 东晋·滑石猪 长 6、宽 1.9、高 2.8 厘米

205 东晋·滑石猪 长 6.6、宽 2、高 2.8 厘米

2017 年增城区龙井山 M10 出土

广东广雅中学莲韬馆复建工程项目宋墓

　　该项目除了先秦遗存最重要发现外，其他历史时期的遗迹也十分丰富，主要有汉墓 36 座、晋南朝墓 33 座、唐墓 6 座、南汉墓 15 座、宋墓 14 座、明墓 6 座、清墓 20 座。因其重要的历史、社会、文化价值入选"2020 年南粤古驿道重大发现"。其中，十分罕见的是宋代砖室墓 M8，虽早期被毁严重，仍出土文物 15 件（套），一套铜钵、铜碗、铜筷和铜勺的完整组合，还有精美的景德镇湖田窑青白瓷器，引人瞩目。

M8 全景

206 | 207

| 208

206 **宋·青白瓷碗** 口径 18.8、足径 5.5、高 7.2 厘米

207 **宋·青白瓷碗** 口径 19、足径 5.5、高 4.9 厘米

208 **宋·青白瓷碟** 口径 9、足径 3.5、高 2 厘米

2020 年广东广雅中学莲韬馆复建工程项目 M8 出土

209 宋 · 餐具一组

铜碗 口径 15、底径 10、高 5.7 厘米

铜勺 长 24.5 厘米

铜箸 长 23.5 厘米

铜钵 口径 28.5、底径 21.5、高 8.5 厘米

酱釉陶小罐 口径 1.6、腹径 5.9、底径 3.3、高 5.5 厘米　　　出土时，铜钵内装有铜碗和酱釉陶小罐、铜勺、铜著。

2020 年广东广雅中学莲韬馆复建工程项目 M8 出土

210 **宋·铜镜** 直径 15.2、缘厚 0.45 厘米

2020 年广东广雅中学莲韬馆复建工程项目 M8 出土

货泉
王莽天凤元年
（公元 14 年）铸

至道元宝
宋太宗至道元年
（995 年）铸

祥符元宝
宋真宗祥符元年
（1008 年）铸

景祐元宝
宋仁宗景祐元年
（1034 年）铸

皇宋通宝
宋仁宗宝元二年至皇祐六年
（1039～1054 年）铸

熙宁元宝
宋神宗熙宁元年
（1068 年）铸

熙宁重宝
宋神宗熙宁四年
（1071 年）铸

元丰通宝
宋神宗元丰年间
（1078～1085 年）铸

元祐通宝
宋哲宗元祐年间
（1086～1093 年）铸

绍圣元宝
宋哲宗绍圣元年
（1094 年）铸

圣宋元宝
宋徽宗建中靖国元年
（1101 年）铸

大观通宝
宋徽宗大观年间
（1107～1110 年）铸

政和通宝
宋徽宗政和年间
（1111～1117 年）铸

宣和通宝
宋徽宗宣和年间
（1119～1125 年）铸

建炎通宝
宋高宗建炎元年
（1127 年）铸

211 铜钱一组 直径 2.43～3.13、孔径 0.51～0.76 厘米

2020 年广东广雅中学莲韬馆复建工程项目 M8 出土

麓湖公园项目出土汉以后文物

2019 年发掘的麓湖公园南入口等节点景观提升工程项目，还清理了 13 座晋南朝墓，尤其是两晋文物种类丰富。

212 **东晋·青釉三足砚**　上径 18.4、底径 15.9、高 3.6 厘米

213 **东晋·青釉唾壶**　口径 10.1、腹径 13.2、足径 11.1、高 11.4 厘米

214 **东晋·青釉熏炉**　直径 8.5、足径 3.7、高 4.8 厘米

212	
---	214
213	

2019 年麓湖公园南入口等节点景观提升工程项目 M14 出土

215 **西晋·青釉点彩碗** 口径 16.5、腹径 16.9、足径 11.3、高 9 厘米

216 **西晋·青釉熏炉** 炉身口径 11.7、托盘径 17.7、底径 10.3、通高 10.9 厘米

2019 年麓湖公园南入口等节点景观提升工程项目 M20 出土

217 | 218
    | 219

217 **东晋·青釉唾壶** 口径 7、腹径 13.2、足径 10、高 9 厘米

218 **东晋·青釉虎子** 长 21.2、宽 14.1、高 15.6 厘米

219 **东晋·铜三足炉** 口径 13.2、腹径 15、底径 11.1、高 6.8 厘米

2019 年麓湖公园南入口等节点景观提升工程项目 M21 出土

220 **宋·带柄龙纹铜镜** 镜面直径 11.9、柄长 9 厘米

221 **明·四灵纹铜镜** 直径 8.6、缘厚 0.4 厘米

2019 年麓湖公园南入口等节点景观提升工程项目 M15、M22 出土

怡乐路教师公寓项目明代墓葬

2019 年中山大学南校区怡乐路教师公寓项目考古发现的 M18 明代券顶砖室合葬墓，结构保存完好，人骨保存完整，为近年来广州考古少见。该墓女主人随身衣物、佩戴饰品基本上能清理提取，共提取盖被、裙、上衣、香囊等纺织品 12 件（套），还有铜钱 5 枚、发簪 1 对、耳坠 1 对。

清理顶部灰砂层砖室券顶

砖顶清理后

墓坑底部

M18 发掘过程

M18 出土衣物

均出土于墓主人腰部。

222	223
224	225

222 **清·玉镯** 直径 6.1、厚 1.3 厘米

223 **清·玉镯** 直径 7.4、厚 0.9 厘米

224 **清·玉镯（一对）** 直径 7.5、厚 1.1 厘米

225 **清·玉镯（一对）** 直径 8、厚 1.1 厘米

（222～224）2019 年中山大学南校区怡乐路教师公寓项目 M2、M6、M4 出土

（225）2020 年广州市轨道交通十二号线广恒风井项目 M1 出土

226 清·"子冈"玉牌饰

长 5.2、宽 3.8、厚 0.8 厘米

玉牌饰为白玉雕琢而成，玉质致密润泽。扁平长方形，正反两面上部均雕刻双龙戏珠图。正面主要图案为浅浮雕仙山，其下波涛中一人乘独木小舟顺流而下，神情畅然，为"张骞乘槎（chá）"之典故；另一面雕琢诗文："底事银河渡，年年驾鹊桥，君平曾智在，此夜客星高。子冈琢。"该玉牌饰为不可多得的玉雕佳品。

2019 年中山大学南校区怡乐路教师公寓项目 M06 出土

148

227 清·吊坠 长 6、宽 3.9、厚 2.6、洞径 0.4；

顶端小玉蟾　长 1.4、宽 1、高 0.9 厘米

玉坠顶部可分离，颜色翠绿，雕刻玉蟾。器身雕刻丹凤，有沁色。

2019 年中山大学南校区怡乐路教师公寓项目 M06 出土

228 **清 · 鎏金铜耳环（一对）** 直径 2.8 厘米

229 **清 · 银簪** 长 9.5、鸟高 2.2 厘米

2020 年广州市轨道交通十二号线广恒风井项目 M1 出土

玻璃珠串饰含 397 颗圆形玻璃珠（白色透明 381 颗、绿色 5 颗、蓝色 1 颗、红色 2 颗、黄色 1 颗，红色水滴形玻璃珠 7 颗）与 7 片蝴蝶形绿色玻璃衣饰片。

230 清·玻璃珠串饰 黄色玻璃直径 0.3、厚 0.1 厘米

2020 年广州市轨道交通十二号线广恒风井项目 M1 出土

调查勘探重大项目

"十三五"时期,广州考古参与到广州城市建设的各个角落,尤其是重大建设项目,为经济建设和城市发展贡献力量。

广州国际创新城项目调查勘探

广州国际创新城项目用地位于番禺区东北部,北至仑头水道,东、南至金山大道、西至南沙港快速,总面积73平方千米,将被打造成国家现代服务业国际创新城。2017年6月至8月,广州市文物考古研究院配合其建设,考古调查面积近39万平方米、勘探面积10万余平方米、发掘面积287平方米。在新造镇曾边村发现明清墓葬194座、清代灰坑遗迹3处,并对其中的111处明清墓葬和3处灰坑进行了考古发掘,出土瓷罐、墓志等各类文物19件(套)。

广州国际创新城规划效果图

广州国际创新城项目考古发掘现场

三方明代墓志

广州白云国际机场三期扩建工程调查勘探

广州白云国际机场三期扩建工程先行用地位于花都区白云机场西侧，是广州白云国际机场三期扩建工程第四、第五跑道及 T3 航站楼项目的先行工程。2020 年 4 月考古人员在 9 天内完成了 136 万平方米的考古调查勘探工作。

广州白云国际机场三期扩建工程规划效果图

考古调查勘探工作现场

知识城南片区狮龙大道(科技大道及北延线)市政道路项目调查勘探发掘

知识城南片区狮龙大道（科技大道及北延线）市政道路项目全长约3.07千米，是知识城南北向的主干道之一。沿线途经黄田村、汤村盘铭里、大迳村。2015年8月至9月，经考古调查勘探确认在工程用地范围内的九龙镇（现龙湖街道）汤村的茶岭、甘草岭、沙岭等山岗存在先秦时期的文化遗存分布。2017年8月至2018年2月，配合狮龙大道项目施工，广州市文物考古研究院对茶岭、甘草岭、沙岭等遗址进行了考古发掘。

狮龙大道

茶岭遗址

甘草岭遗址

茶岭、甘草岭遗址与狮龙大道(现名创新大道)建设初期全景

2017 年度广州海上丝绸之路文化遗存考古调查

　　为摸清广州地区珠江水域水下文化遗存埋藏情况，推动海上丝绸之路广州史迹保护和申报世界文化遗产工作。广州市文物考古研究院联合国家文物局水下文化遗产保护中心、广州龙德潜水服务有限公司，2017 年 7 月至 8 月对海珠区南沙港快速以东至南沙区乌洲岛以北珠江流域，9 月对扶胥古运河流域（庙头街道至南岗街道陆地，扶胥古运河水域，扶胥古运河连接珠江和东江水域）进行了物探调查和潜水探摸。这是"十三五"时期主动开展的水下考古项目。

　　调查采用新技术多波束测深系统、侧扫声呐系统、磁力探测系统、浅地层剖面系统等物探手段。在北珠江流域实际调查水域面积 24.05 平方千米，探摸共确认沉船本体 1 处、沉船疑点 4 处，采集螺旋桨、陶瓷等遗物 4 件，出水船体构件、石块等标本 30 余件（套）。

潜水探摸准备

跨步入水

潜水调查现场

出水遗物

增江流域调查

　　近年来，广州市文物考古研究院在做好配合基本建设考古的同时，强化课题意识，主动开展了一些专题考古调查、勘探和发掘工作。2016年3月至2017年5月与中山大学人类学系合作进行增江流域考古调查就是其中一例。增江属东江支流，是广州东部的一条重要河流。经调查，共计复查和新发现先秦两汉时期遗址400余处，全面掌握了增江流域地下文物分布情况。调查过程中，积极探索利用最新科技手段为田野调查服务，田野调查方法、资料搜集、资料整理、考古研究、成果展示等各方面有了质的提高。

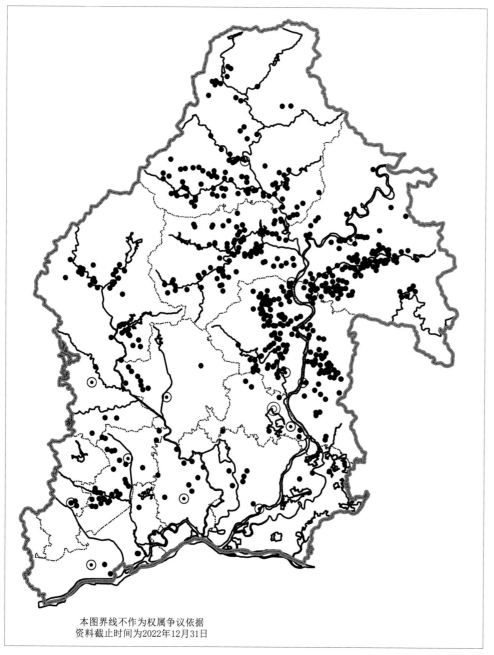

本图界线不作为权属争议依据
资料截止时间为2022年12月31日

增江流域遗址分布示意图

"考古通"田野考古地理信息系统

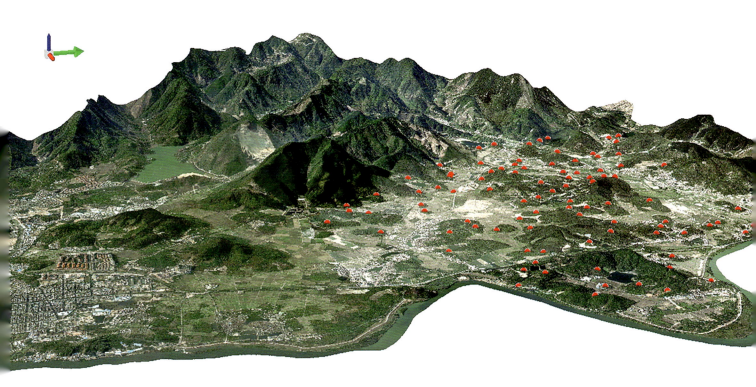

荔城街道考古遗址分布图

广州考古人的足迹

名人史迹

"十三五"时期，广州市文物考古研究院对明代礼部尚书霍韬及其家族墓进行了全面调查勘探，对明代大儒湛若水创办的莲花书院遗址开展了全面勘探和发掘工作，为后续保护和展示利用工作打下了坚实的基础。

莲花书院遗址

湛若水（1466～1560），号甘泉，增城人，明代著名哲学家、教育家、书法家，官至南京兵、吏、礼三部尚书，创建书院40余所。位于增城区永宁街南香山东南山麓的莲花书院，是湛若水70岁告假还乡时创办的，也是在他创办的书院中目前唯一经过考古发掘且保存完整的书院遗址。2018年3月至6月，配合其复建工程，发掘出土文物80件（套），揭露出的莲花书院遗址的形制和布局，与文献资料相互印证，因其重要的历史、社会、文化价值入选"2018年南粤古驿道重大发现"。

莲花书院遗址西南约1.5千米有霍韬家族墓，约4.5千米有湛若水墓。

莲花书院遗址

五级平台从东南向西北逐级升高、通过中轴线上的台阶连接。第一级为书院的门楼；第二、三级可能为诸生馆；第四级为讲堂，两侧为翼廊；第五级为正堂及左右偏堂，两侧为从第四级延伸而上的翼廊。

霍韬墓

湛若水墓

"从予复往观之，定阔宅，卜其上为正堂三间，左右为偏堂各三间，左右为翼廊，其前为讲堂五间，翼廊如之，又其前为门楼三间，又将诸生馆于东崦西崦者数十间"
——《湛甘泉先生文集（卷一）·峨眉山莲花洞开创书馆记》

"乙巳"为干支纪年，结合湛若水的生平，应为1545年，湛若水号甘泉，"泉翁"即为湛若水。该碑刻的时间人物与莲花书院相关文献的记载吻合，确认本次发掘的遗存即为湛若水所建的莲花书院遗址。

231 明·"乙巳春泉翁"石碑

长 29.6、宽 20.7、厚 8.4 厘米

2018 年增城区南香山莲花书院遗址出土

结合《沙隄湛氏家族谱》记载"若水长子，字少防，号太霞，国子监生……卒嘉靖癸巳（1533）七月初七日，配室黎氏……卒嘉靖己亥年（1539），合葬蜗角牛午丁向。副室张氏葬甘泉洞午丁向……"，湛太霞即湛若水长子，在嘉靖癸丑（1553）早已仙逝，其妾室张氏、钟氏还在世，湛若水以89岁高龄为其儿媳择选百年之地，因此刻有此碑。而族谱上的"甘泉洞"即为"湛子洞"。

232 明·"嘉靖癸丑秋　甘泉翁赐立"石碑

长 57.8、宽 31.7、厚 8.2 厘米

2018 年增城区南香山莲花书院遗址出土

233 **明·筒瓦**　长 22.2 厘米

234 **明·牡丹纹带筒瓦当**　直径 10、瓦筒残长 9.7 厘米

235 **明·牡丹纹瓦当**　直径 12、当厚 1～1.4 厘米

236 **明·牡丹纹滴水**　滴水面残宽 16.2、厚 2.1、高 8.6、残长 2.9 厘米

233	234
235	236

2018 年增城区南香山莲花书院遗址出土

237
——————
238 | 239

遗址出土了大量的明嘉靖至万历年间的瓦当和陶瓷器，未发现任何清代遗物，所以可以证明书院的倒塌废弃时间应为明末。其中，青瓷杯外腹壁下方针刻一"成"字，表明所属。

237 **明·青瓷杯** 口径 5.4、直径 6.3、足径 2.4、高 3.3 厘米

238 **明·"成化年制"款青花瓷碗底** 足径 4.6、残高 1.8 厘米

239 **明·青釉陶碗** 口径 12、足径 5.6、高 5.4 厘米

2018 年增城区南香山莲花书院遗址出土

240 **明·青釉陶小杯** 口径 7、足径 3、高 3.2 厘米

241 **明·黄釉陶壶** 口径 6.8、足径 7.6、高 10.5 厘米

242 **明·黑釉陶瓶** 口径 4.6、足径 6、高 16 厘米

240		242
241		

2018 年增城区南香山莲花书院遗址出土

城防炮台

广州地处珠江入海口，濒临大海，战略位置十分重要，现存城防史迹特别是炮台数量丰富。"十三五"时期，广州文物部门开展了广州城防史迹专项考古调查，并对沙路炮台、牛山火炮台等开展了考古发掘或勘探工作，并获得重要材料。

沙路炮台

位于番禺区化龙镇沙亭村，北与黄埔长洲岛隔江相望。2016年4月至9月，配合文物保护工作对沙路炮台进行科学的考古发掘工作，证明其系统完备、设施齐全。炮虽皆佚，但炮池、掩体以及部分建筑被较完整地保留下来，为进一步开展复原研究、修缮保护与展示利用工作奠定了坚实基础。

沙路炮台图（引自《番禺县图》，1932年绘制，广东省立中山图书馆藏）

沙路炮台

沙路炮台遗址公园规划效果图

马腰岗 3 号炮台

马腰岗 3 号炮台掩体堆积

掩体堆积内"光绪甲申年"(1884)纪年砖雕

马腰岗 5 号炮台航拍

5 号炮台发现的金属配件

243 **砖雕（残）** 右上残长 15.4、残宽 13、残高 6.4 厘米

244 **残碑** 最宽 12.5、最长 12.3、厚 2.9 厘米

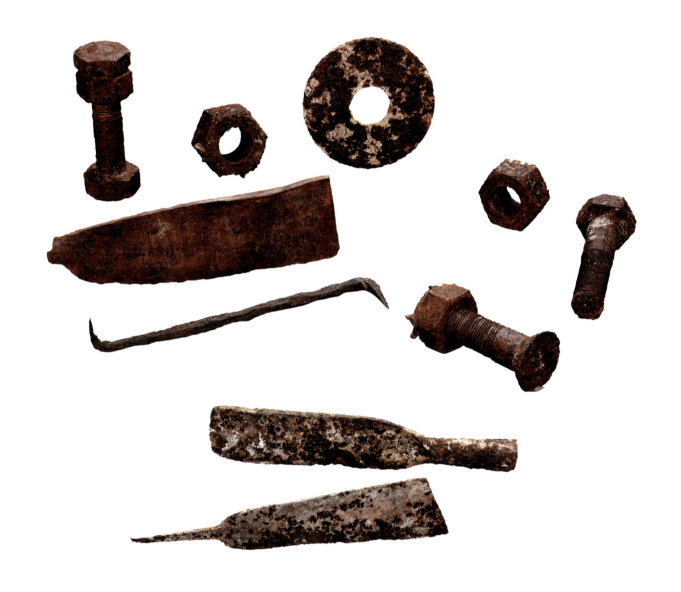

245 **铁器一组**
　　圆饼形铁片外径 14、内径 4、厚 0.5 厘米

　　沙路炮台清理 200 多件（套）遗物，以铁质工具、零件和陶瓷碗碟等为主，极大丰富了相关年代军事史研究的实物资料。其中，出土了大量铁质工具，有铁钉、螺栓，以及环形铁件等，器形较大，非日常所用，应与铁炮部件有关。铁刀可能为砍伐树木或与敌人近身搏斗时使用。

南明铁炮在地下吸附了大量有害盐分,它的保护重点需要进行多次纸浆脱盐,以达到稳定状态。

"我在南汉二陵博物馆修文物"之铁炮脱盐活动已开展多期,根据监测,还须继续。

如果您看到旁边有一次性手套和收纳袋,您可以亲自动手,每人每次可为铁炮揭取一块约巴掌大"面膜"哦!看看您揭开的位置下面是文字还是纹饰?

温馨提示:由于"面膜"加入一定化学药品,具有轻微腐蚀性,尽量避免皮肤直接接触。

如果您没看到可用道具,说明它正在敷"面膜",还未到揭取时机,您可以关注我们的微信公众号,您有机会在展厅亲自体验为它敷"面膜"。文物保护,期待您的参与。

现场互动与展示

南明"弘光元年"铁炮

2019 年 8 月，广州市第一人民医院翻修排水管时在建筑弃物中发现。广州市文物考古研究院将其运回金属文物保护实验室进行保护修复，并多次组织公众开展铁炮脱盐活动。

铁炮全长 1.99 米、口径 25、内径 7 厘米。表面锈蚀严重，纹饰模糊不清。前段有一圆形纹饰、中前段有一龙形纹饰、中后段饰雷纹与曲折纹一周、后部有梅花状纹饰，近尾部铸有 12 行阳铸铭文，部分铭文已模糊不可辨识。从已释读部分可知铸造时间为弘光元年即 1645 年，与广州博物馆藏崇祯十七年（1644）铁炮铸造者皆为当时的广东盐法道佥事晏清。广东是明清时期中国南部的冶铁大省，离广州不远的佛山更是明王朝南方最重要的制炮基地。

铁炮炮耳已损坏，火口已被阻塞，推测应为鸦片战争时英法联军对广州城防系统破坏所致。

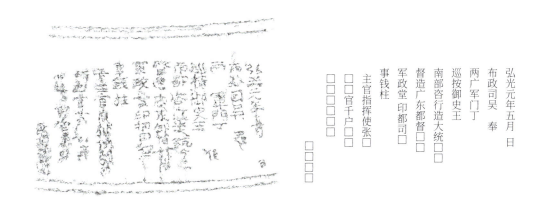

弘光元年五月□日

布政司吴　奉

两广军门丁

巡按御史王

南部咨行造大统□

督造广东都督□

军政堂印都司□

事钱柱

主官指挥使张□□

□官千户□□□□

□□□□□□□□

□□□□□□□□

弘光是明安宗朱由崧的年号。朱由崧(1607 ～ 1646)，是南明首位皇帝，1644 年(崇祯十七年、顺治元年)明思宗殉国后，五月被四镇拥立于南京，改元"弘光"，仅在位 1 年。1645 年，清军兵临江南，朱由崧逃亡芜湖，后被押往北京，第二年被处死。

工作人员对铁炮进行科学检测

脱盐中的铁炮

陶瓷窑业

唐宋时期，受海上丝绸之路陶瓷贸易的影响，珠江三角洲地区陶瓷业迅速发展。过去五年，广州考古发现了大量来自国内不同窑口的陶瓷产品，也有来自西亚的孔雀蓝釉陶器。番禺曾边窑的发掘，为研究唐代广州以至珠江三角洲地区的陶瓷业生产提供了重要资料。

曾边窑

位于番禺区新造镇。2018年2月至4月，配合广医新校区南侧道路（南村大道—新化快速）工程对曾边窑进行了发掘。这是广州地区迄今为止发现最早的瓷窑遗址，也是目前考古发现的唯一一座唐代窑址。窑体受后期破坏严重，具体结构不明，出土了大量民间用瓷，对研究广州乃至环珠江口地区唐代陶瓷工业具有重要的价值。

曾边窑现场图

从发掘情况推测，窑体依山势呈长条形分布，受后期耕作破坏，现存上、中、下各一部分。

曾边窑位置示意图

距离珠江600余米，以西1.5千米为宋代沙边窑所在地。

曾边窑窑址出土器物大多比较残破，且釉色及胎釉结合度都不及广州其他遗址出土同类产品。有的器物脱釉现象非常严重，仅在口沿或积釉较深处有所残留。

246 **唐·青釉碗** 口径 16.6、足径 6、高 4.7 厘米

247 **唐·青釉碗** 口径 17、足径 6.5、高 7.1 厘米

248 **唐·青釉碗** 口径 12.2、足径 4.4、高 4.1 厘米

2018 年番禺区曾边窑遗址出土

249 **唐·青釉盘** 口径 9.7、足径 3.3、高 3.2 厘米

250 **唐·青釉器盖** 直径 9.6、高 3 厘米

	249	
250		251

251 **唐·青釉盘** 口径 12.7、足径 4.6、高 3.1 厘米

2018 年番禺区曾边窑遗址出土

252 **唐·青釉四耳罐** 口径 11.5、腹径 16.7、底径 12.4、高 17.6 厘米

253 **唐·青釉盆** 口径 29、底径 23.8、高 12.2 厘米

2018 年番禺区曾边窑遗址出土

口部粘连另一罐部口沿，
说明是对口烧。

254 唐·青釉四耳罐 口径 13、腹径 18.2、底径 13.6、高 20.2 厘米

2018 年番禺区曾边窑遗址出土

越秀区解放中路安置房项目、中山六路 RJ-6/7 地块工地，海珠区中山大学博物馆项目唐代水井中均有与类似曾边窑的罐、碗、盘等器物出土。曾边窑出土器物与佛山高明窑、新会官冲窑及印尼唐代"黑石号"沉船出水瓷罐、瓷碗的造型也颇为相近，是唐代陶瓷器广销海外的重要实证，见证了广州在海上丝绸之路上的重要地位。

在大佛寺工地发现大规模陶瓷器堆积，集中埋藏了总数超过 100 件的坛、罐、碗、执壶等器物，也出土有类似曾边窑的陶瓷产品。

255 **唐·青釉四耳罐** 口径 11.7、底径 12、高 15 厘米

256 **唐·青釉碗** 口径 16.3、足径 6、高 5.5 厘米

2018 年广州市大佛寺南院区工地 H2 出土

257 **唐·青釉盘** 口径 12.8、足径 4.2、高 3.6 厘米

258 **唐·青釉四耳罐** 口径 12.8、腹径 18.5、底径 13.4、高 19.5 厘米

2018 年越秀区解放中路安置房项目出土

258
扫一扫 看三维

2019 年中山大学博物馆项目唐代水井 J1 出土器物

罐的造型与曾边窑同类产品近似。曾边窑出土罐数量最多，有双耳、四耳亦有六耳，但大部分为碎片，无法复原。

259 **唐·青釉四耳罐** 口径 12.8、腹径 17、底径 12.5、高 17 厘米

260 **唐·六耳罐** 口径 15.2、腹径 25、底径 18、高 28 厘米

2018 年中山大学博物馆建设项目唐代水井 J1 出土

第二部分

文化遗产
保护

历史文化是城市的灵魂，要像爱惜自己的生命一样保护好城市历史文化遗产。

　　"十三五"时期，广州完成了全国第一次可移动文物普查，基本摸清了全市可移动文物资源家底。考古出土文物保护修复、重要考古遗址保护工作成绩斐然。文物保护单位数量持续增加，"四有"工作稳步开展。海上丝绸之路史迹保护与申遗工作取得重要进展。文物活化利用取得新突破。

考古出土文物保护

广州考古出土文物数量丰富，文物保护修复任务繁重。

"十三五"时期，广州市文物考古研究院充分利用可移动文物修复资质及考古出土文物优势，建成了初具规模的文物科技保护实验室，服务于考古发掘、资料整理，以及博物馆展陈需要。过去五年，完成了1600多件（套）陶、铜、木质文物保护修复，组织开展了一系列公众文物修复体验活动。

软陶器保护

　　广州考古出土的器物中，陶器数量最多，修复工作量最大，其中又以软陶器的修复难度最大。增城墨依山、黄埔甘草岭、茶岭等遗址出土的陶器，由于制陶工艺相对较差，强度较低，俗称"软陶"，存在残缺、断裂、裂隙、变形、硬结物、泥土附着物等病害，对该类软陶须开展现场保护、清理、加固、拼对、粘接、补全、随色等保护修复工作。

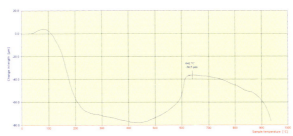

陶器热膨胀曲线

显示增城墨依山出土 M57：1 烧造温度判断仅为 584℃

显微观察（60 倍）

显示增城墨依山 M61：1 陶器粗糙断面

大口尊出土状况

清理后

照片记录拼对

陶片位置关系图

拼接后

随色后

墨依山遗址出土陶大口尊修复过程

261 西周春秋·陶瓮 口径 46、腹径 62、高 65 厘米

陶瓮体量较大，全身施满纹饰，体现出当时较高的制陶工艺。

2009 年增城市浮扶岭遗址出土

圈足罐器形与石峡文化三期中期Ⅱ段
类似。

下图文物出土时叠压在一起，应为同
一件器物。修复后发现无法连接成一个个
体，推测应为一件器物的口沿和底部。

262 **商·陶捏流圈足罐** 口径 12.4、腹径 21.2、足径 11.8、高 17.8 厘米
263 **商·陶器局部** 口径 14 厘米

2016 年增城区墨依山遗址 M71 出土

出土脆弱青铜器保护修复

广州地处华南，属于酸性红壤环境，出土青铜器一般都腐蚀矿化非常严重。主要存在残缺、断裂、裂隙、变形、层状堆积、瘤状物、表面硬结物、通体矿化等类型的病害。需在考古发掘现场先行加固、整体提取保护，然后在实验室里采取清理与除锈、加固、对有害锈转化、整形、拼对粘接、补配焊接、缓蚀、封护、随色等步骤进行保护修复。

铜熏炉现场整体提取后情况

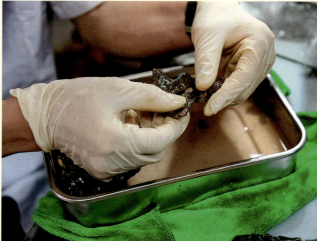

清洗

铜熏炉修复后

随色

扫一扫 看绘本

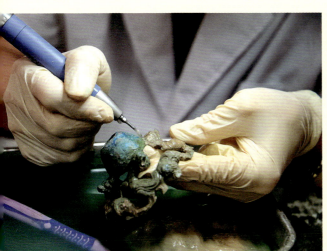

去锈

加固

补配

拼对

出土时腐蚀严重，强度极低，无法直接提取，采用石膏打包法整体提取回室内进行修复。该件铜壶的修复是南方此类脆弱青铜器成功保护的典型范例。

264 东汉早期·铜壶 口径 11.5、腹径 21.5、足径 18、高 30 厘米

2010 年荔湾区西湾路旧广州铸管厂地块 M35 出土

遗体矿化

病害图

| 残缺 | 硬结物 | 裂隙 | 全面腐蚀 |

病害图绘制单位：
广州市文物考古研究院
2018年8月17日
绘制人：李强

温酒樽托盘有三孔，推测系绳挂起。　　265 **东汉早期·铜温酒樽**　　身口径 15.3、底盘直径 20.5、通高 14.3 厘米

2010 年荔湾区西湾路旧广州铸管厂地块 M35 出土

266 东汉·铜环首刀 长 67.5 厘米

广州地区汉墓出土如此长的环首刀比较罕见。

2010 年荔湾区西湾路旧广州铸管厂地块 M35 出土

病害图绘制单位：
广州市文物考古研究院
2018年8月17日
绘制人：李强

病害图

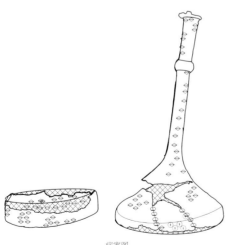

残缺　表面硬结物　瘤状物　胶结瘀渣

灯盘内现仍保留部分白色块状燃料。

267 **东汉·铜灯**　盘径 10、足径 11.4、高 23.2 厘米

2010 年荔湾区西湾路旧广州铸管厂地块 M37 出土

壶圈足刻有"大亲"两字。

该壶腹部变形严重,应为墓葬木质棺椁腐烂垮塌墓葬坍塌所致,通过整形工具,循序渐进,慢慢使其恢复原貌。

268 西汉·铜提梁壶 口径 12～16 厘米

2020 年广州港疗养院 M19 出土

镜背间隔装饰成对四神，即青龙、白虎、朱雀、玄武，"尚方作镜真大巧有仙人不知老渴饮玉泉饥食枣"铭文环绕一周。

269 **东汉·规矩纹铜镜** 直径 15.5、缘厚 0.41 厘米

1957 年越秀山路四〇五工地采集

出土饱水木质文物保护

解放中路安置房、犀牛北街等考古发掘项目出土了木履、木构件等饱水文物。饱水木质文物出土后，如果不及时进行干预，容易发生裂隙、残缺、断裂、变形等病变，因此出土后随即浸泡保存，不定期进行换水。

对饱水木质文物的保护步骤为清洗、整形、脱水定型、拼对、粘接、补全、随色等。其中，脱水定型是饱水木质文物最关键和最重要的步骤，我院主要采用冷冻干燥的方法，即将饱水木质文物放入专用冰箱，在零摄氏度以下结冰，利用冰缓慢升华的原理，达到脱水的目的。

饱水的木履

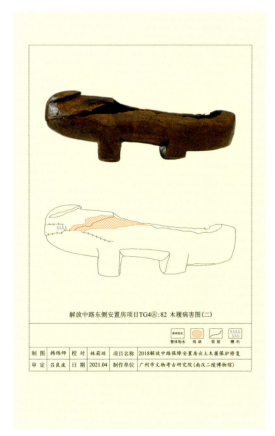

解放中路安置房出土木履病害图

脱水后的木履

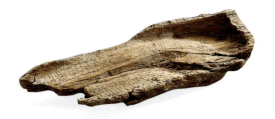

这组木履均经过冷冻干燥脱水。

扫一扫 看绘本

270 **五代南汉·木履** 长 25、宽 9.5、高 5 厘米

271 **五代南汉·木履** 长 24.5、宽 8.5、高 5.3 厘米

272 **五代南汉·木履** 长 29、宽 10.2、高 8.2 厘米

2018 年越秀区解放中路安置房项目出土

南越国木构水闸遗址保护

受广州市文物局委托，广州市文物考古研究院于 2017 年 7 月至 2019 年 6 月对南越国木构水闸遗址本体开展前期勘察工作。与北京国文琰信息技术有限公司合作完成《南越国木构水闸遗址环境监测报告》《南越国木构水闸遗址前期研究报告》和《南越国木构水闸遗址保护工程设计方案》等的编写工作，并获广东省文物局审批同意。2019 年 11 月至 2020 年 11 月，与无锡市朴古文物保护工程合作开展南越国木构水闸遗址保养维护工作。保养维护主要有微生物防治、局部积水治理以及灯光改造三部分。

土遗址局部坍塌

土体表面黄色结晶局部

土体表面出现白色结晶

土体表面裂隙、青苔

土体表面的伞菌

遗址低洼处积水

水闸遗址病害示意图

遗址监测仪器布设图

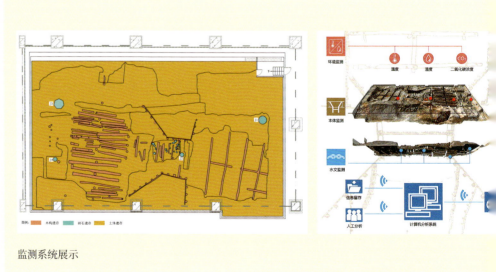
监测系统展示

南越国宫署遗址保护

南越国宫署遗址位于广州市越秀区中山四路316号，总面积达15万平方米，包括西汉南越国宫苑和宫殿遗迹、五代十国南汉国宫殿遗迹以及上下叠压的秦至民国各历史时期的文化遗存，是广州自秦统一岭南后两千多年以来城市发展的缩影，是广州作为岭南地区政治、经济、文化中心地的历史见证，是广州历史文化名城的精华所在。

"十三五"时期，南越王宫博物馆科学开展遗址的日常保养维护，适度实施文物本体加固保护工程，夯实遗址本体安全。

开展"南越国宫署遗址曲流石渠、南汉宫殿和水井遗迹本体保护工程（一期）"

一期工程四方初验

推进完成"南越国宫署遗址水井展示区抢险加固保护工程"

包含展示厅地下水位控制，土质、砖质、陶质、木质文物本体保护，展示厅微环境控制等。

土遗迹脱盐保护　　　　文物本体裂隙修补

木暗渠整体搬迁　　　　木暗渠实验室保护

开展"南越国宫署遗址文物本体振动威胁监测项目"

振动监测设备——激光测距仪安装

持续开展"南越国宫署遗址覆罩露明展示区遗址日常保养维护项目服务"

专业日常维护保养含遗址开放展示区域的所有文物遗迹、遗址的日常表面清洁消毒、微生物治理；遗址内虫害防治、遗址表面除盐处理；遗址土壤含水率保养；遗址日常监测及数据采集、分析；木质文物保水、防腐、防虫处理等，以及文物本体水土、赋存环境、光照、空气环境、振动影响等综合监测和研究分析。

完成"南越国宫署遗址曲流石渠、南汉宫殿和水井遗迹前期勘察、病害研究和本体保护方案设计"项目

不可移动文物活化利用工作

遗址现场勘察

2020年6月成功入选"广州市第一批文物保护利用典型案例"名录

遗址日常清洁保养工作

南汉康陵保护展示工程

康陵，地处广州市番禺区小谷围岛，依大香山山势营建，坐北朝南，是南汉高祖刘岩（䶮）的陵墓，是国内发现的五代十国时期唯一有陵园规制的皇陵。其营建形式独特、布局完整，为我国古代陵寝制度的发展演变研究提供了重要实例，被评为"2004年度全国十大考古新发现"。

2015年3月，国家文物批复同意康陵本体保护加固工程、康陵保护性设施建设工程立项。2016年10月，本体保护工程设计方案获广东省文物局批复同意；2018年初，康陵入口场地及绿化工程设计方案、上盖工程设计方案获国家文物局批复同意。

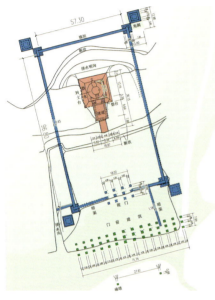

康陵平面示意图

陵园南北长约160米、东西宽约80米，面积约1.28万平方米，南北高差15米。

康陵考古发掘结束后
搭建的临时保护大棚。

康陵总平面效果图

本体保护工程之陵前建筑效果图

陵门效果图

上盖工程效果图

绿化工程效果图

目前，上盖工程主体结构已封顶，绿化工程已完成树木迁移、水塘填埋及道路、入口广场基础混凝土铺设等。该项目计划2022年9月竣工，2023年6月对外开放。

北京路清代木船的发现与保护

2014年，广州市文物考古研究院配合建设工程，在北京路17～43号地块进行考古发掘，清理出木船三只，分别编为1、2、3号船。其中，1号船规模较小，保存稍差，残长约4米；2号船最大，残长19.2、中部宽3米；3号船残长15.2、中部宽2.6米。

根据考古发掘的层位关系，结合出土遗物，判断这三艘船废弃于清代晚期嘉庆、道光年间。此次是广州历史城区内第一次考古发现古船，船体保存相对完好，十分难得，为研究广州历史地理及珠江岸线的变迁、广船工艺技术特点等信息提供了重要实物资料。

木船出土场景

3号船吊装现场

吊上地面的3号船

2号船放入水池临时保护（放水前）

3号船临时保护现场

2、3号船移至室内后保护场景

考古发掘结束后，根据专家意见，2015年初，文物部门将三艘木船整体搬迁至广州博物馆进行保护修复。目前，2、3号船的保护修复工作已经基本完成，待条件成熟时向公众展示。

海上丝绸之路文化遗产保护与联合申遗

广州濒临南海，具有得天独厚的海上交通、贸易的地理条件。自秦汉以来2000余年，广州通过海上丝绸之路与外界进行交通往来，长盛不衰，是我国唯一2000多年从未间断的对外贸易和交流的港口城市。

"十三五"时期，在国家文物局的统筹协调、中国文化遗产研究院的指导协助下，广州牵头组建了海上丝绸之路保护和申遗城市联盟，进一步加强了各联盟城市之间的合作和协调，在海丝遗产保护研究、展示利用、宣传推广和合作交流等方面取得较大进展。

广州海上丝绸之路文化遗产

按照文化内涵和遗产价值，广州海上丝绸之路文化遗产大体可以分为两类。

第一类是基础设施类遗存。其中，南越国宫署遗址属于管理设施，南海神庙及码头遗址属于祭祀设施，琶洲塔、莲花塔、赤岗塔为航标塔。

第二类是产物类遗存。包括属于宗教遗存的光孝寺、怀圣寺光塔、清真先贤古墓和属于墓葬的西汉南越文王墓。

管理设施　　**基础设施类遗存**　　祭祀设施

航标塔

南海神庙（"海不扬波"牌坊）

南越国宫署遗址　　琶洲塔　　赤岗塔　　莲花塔

产物类遗存

宗教遗存　　墓葬

光孝寺（瘗发塔）　　清真先贤古墓　　怀圣寺光塔　　西汉南越王墓

广州海上丝绸之路申遗历程

自 2007 年起,广州正式启动了海丝申遗工作,开展了一系列海丝申遗的基础工作,取得了阶段性成果。

7 月 29 日
海丝工作领导小组第二次工作会议。

9 月 21 日
海丝工作领导小组第三次工作会议。

2007　**2016**

2017

4 月 20 日
国家文物局在广州召开海上丝绸之路保护和申遗工作会议。
会议一致推举广州为海丝申遗牵头城市,并要求广州尽快成立联合申遗办公室,定期召开联席会议,加强合作,推进后续工作。

2018

4 月 3 日～4 日
海丝保护和联合申遗城市联盟联席会议,广州牵头组建海丝保护和联合申遗城市联盟。

1 月 25 日
海丝保护和联合申遗城市联盟联席会议预备会议。

2019

6 月 9 日
2018 文化和自然遗产日主场城市活动(南海神庙)。

5 月 12 日～16 日
海丝保护和联合申遗城市联盟联席会议。

11 月 6 日
澳门海丝国际学术研讨会。

2020

11 月 25 日～27 日
"海上丝绸之路:文明交流互鉴"海丝国际学术会议。

9 月 15 日
海上丝绸之路(广州)文化遗产保护管理研究中心揭牌。

海上丝绸之路相关工作成果

　　在国家文物局领导下，按照动态的、开放的原则，组建海丝保护和联合申遗城市联盟，设立"海上丝绸之路保护和联合申遗城市联盟办公室"，按照联盟章程，协同开展联合申遗的事务性工作。

海丝工作成果

环境整治前后对比

南越国—南汉国宫署遗址

整治前　　　　　　　　　整治后

西汉南越王博物馆

整治前　　　　　　　　　整治后

光孝寺

整治前　　　　　　　　　整治后

南海神庙

整治前　　　　　　　　　整治后

怀圣寺光塔

整治前　　　　　　　　　整治后

清真先贤古墓

整治前　　　　　　　　　整治后

海丝工作成果

陈列展览

专家讲座

2018 年 4 月邀请中国文化遗产研究院专家开办"跨海和声——海上丝绸之路的遗产与记忆"系列讲座。

对外交流

"丝路花语"——海丝文化交流

多层次开展海丝文化旅游国内国际合作与交流，争取海丝沿线城市加入城市联盟，共同打造具有海丝特色的文化遗产保护品牌。2018 年 8 月 29 日，"丝路花语"文化之旅在广州粤剧艺术博物馆正式启动。

学术研究

2019 年，依托广州市文物考古研究院，成立面向国内外的"海上丝绸之路（广州）文化遗产保护管理研究中心"。同时，与中山大学联合开展广州海上丝绸之路史迹遗产价值的专题研究。"十三五"时期出版《广州海上丝绸之路史迹点文化遗产价值研究》《广州出土汉代珠饰》等专著。

中外海丝交流的物证

　　越秀区解放中路安置房项目与中山六路 RJ-6/7 地块考古遗址中不仅发现来自海外的波斯蓝釉陶器与玻璃器，还有来自全国各地不同窑口用于外销的陶瓷器，也有模仿中亚西亚金银器造型的屈卮、海棠杯等，生动地呈现了广州水陆交通便利、四方货物汇聚的繁华场面，也佐证了广州在唐宋海上丝绸之路的重要地位。

273 | 274
　　　275

273 **唐·玻璃器残片**　残高 5.5、壁厚 0.4 厘米
274 **五代南汉·波斯蓝釉陶片**　残高 10.8、壁厚 0.9 厘米
275 **五代南汉·波斯蓝釉陶片**　足径 12、高 13 厘米

　　2020 年发掘的中山六路 RJ-6/7 地块考古遗址位处城西蕃坊北侧，属于中外往来客商云集、各地商贸产品汇聚之地，遗址出土的越窑、龙泉窑等窑口生产的瓷器及异域色彩的波斯蓝釉陶，呈现了当时此地贸易繁荣的场景。

(273、274) 2018 年越秀区解放中路安置房项目出土；(275) 2020 年越秀区中山六路 RJ-6/7 地块出土

276
277 278

278

扫一扫 看三维

海棠杯的造型模仿了西方金银器。

此两款青瓷杯造型又称屈卮，即饮酒用的杯。屈卮的把手上面特意加了没有实际用途的如意纹，为了模仿金杯的把手。反映出本土烧制的瓷器也会受到当时金银器风潮的影响，体现了中外文化的交流与融合。

276 **唐·褐彩瓷海棠杯** 口径8.7、足径5.4、高5.6厘米

277 **唐·青瓷杯** 口径8.3、足径4.2、高5厘米

278 **唐·青瓷杯** 口径9.4、足径4.2、高5.3厘米

2018年越秀区解放中路安置房项目出土

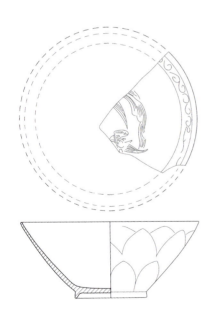

唐宋时期浙江越窑的产品
一直是外销瓷器大宗。

279 五代南汉·越窑莲瓣纹碗残片 口径 21.8、足径 8.8、高 9.1 厘米

2018 年越秀区解放中路安置房项目出土

唐代重要的商品陶瓷，综合中国港口城市遗址和外国发现陶瓷实物看，有越窑、长沙窑青瓷及釉下彩瓷器，北方邢窑、巩县窑的白瓷，广东的青瓷，还有三彩釉陶器皿。唐三彩器在印尼、日本，甚至伊朗、伊拉克、埃及、俄罗斯等国都有发现，在当时引起各地竞相模仿，生产出著名的新罗三彩、奈良三彩等。

280 唐·三彩扁壶 口径 0.8、高 7.7 厘米

2020 年越秀区中山六路 RJ-6/7 地块出土

扫一扫 看三维

广州出土唐代三彩器物非常少，且多为小件，这件三彩壶的发现极为难得。经比对应为凤首壶的一部分，而除了凤首和攀附的意象化的龙柄，壶的主体结构非中国内地传统造型，是胡瓶样式。

281 唐·三彩壶 残高 21.6 厘米

2020 年越秀区中山六路 RJ-6/7 地块出土

龙泉大窑枫洞岩窑址出土
青瓷罐线图

扫一扫　看三维

浙江龙泉窑瓷器在元明时期远销海外。　　　　**282 元·龙泉窑瓜棱青瓷罐** 腹径 26.4、底径 15.8、高 20.4 厘米

2020 年越秀区中山六路 RJ-6/7 地块 H123 出土

283 元·双鱼纹青瓷盘 足径 6、高 3.3 厘米　　　　盘内底贴塑双鱼，是浙江龙泉窑的典型造型。

2020 年越秀区中山六路 RJ-6/7 地块出土

陶胡人俑座灯是广州西汉中期至东汉墓中比较常见的随葬品，广东的三水、韶关，广西的合浦、贵港、梧州以及湖南的资兴、常德、耒阳等地均有发现。陶俑形象深目、高鼻、络腮胡须，明显为域外人种特征，反映出除了物品的往来，两千多年前来华务工的一批外籍人员在广州这片土地上居住、劳作。这件灯盘有柱可插入胡人左臂。

284 **东汉·陶胡人俑座灯** 高 7.9 厘米

2020 年荔湾区广钢新城 AF040234 地块 M4 出土

285 **东汉·玻璃耳珰** 左长 3.3 厘米、右长 2.9 厘米

286 **东汉·红玉髓耳珰** 长 2 厘米

287 **西汉·水晶珠** 长 2.3 厘米

285	287
286	

2019 年中山大学南校区生命科学楼项目 M6 出土；2018 年广州市胸科医院 M32 出土；
2017 年广州市胸科医院 M3 出土

288 西汉·红玉髓玛瑙串饰

上右玛瑙长 3.1 厘米

中右红玉髓长 3.1 厘米

下玛瑙珠长 3.4 厘米

2018 年广州市胸科医院 M43 出土

289 **西汉·玛瑙珠、玉珠、玉片** 梯形玉片长 2、宽 1.2～0.8、厚 0.3 厘米

290 **西汉·红玉髓珠、玛瑙珠** 玛瑙珠（中）长 1.6 厘米

2018 年广州港疗养院 M19 出土

不可移动文物保护利用

　　"十三五"时期，广州市不可移动文物保护工作在信息化建设、保护规划编制、"四有"工作、文物活化利用等方面守正创新、积极探索，取得了丰硕成果。

广州市文物数据管理与信息应用平台建设

　　运用现代信息网络技术，建设广州市文物资源基础数据库，形成文物数据管理系统；完善文物业务管理体系，实现全市文物保护管理工作的智能化；构建集文物资源展示、辅助行政审批、公众服务于一体的文物数字化保护与综合应用服务平台。2016年投入389万启动一期项目，包括不可移动文物综合管理系统、田野考古管理系统、文物保护专项资金管理系统和文物信息展示平台等，现已投入使用。

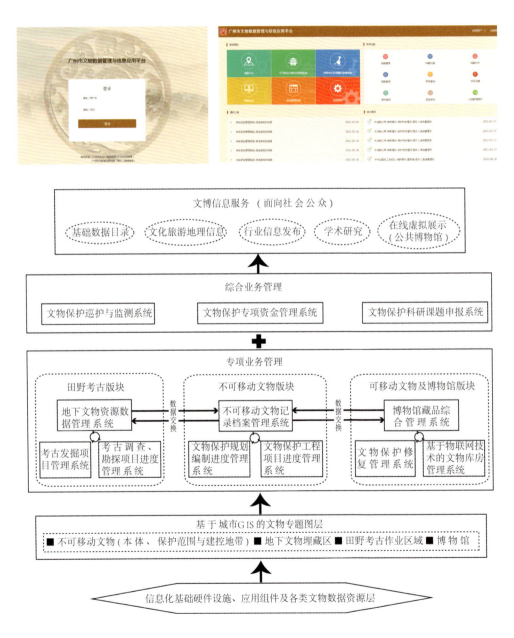

广州市文物数据管理与信息应用平台结构图

文物"四有"工作成果

　　完成 332 处市级以上文物保护单位保护范围与建设控制地带划定及公布工作；260 处文保单位（518 个文物单体）基础性档案建立及更新；连续四年对现存各类纸质文物记录档案进行了电子化整理及编目，共整理档案 18 万张，获得电子数据量约 1.8T；树立 85 处国、省、市级文保单位合共 186 块标志牌和说明牌；共向 12 家文物管理使用单位提供了 21 处市级以上文物保护单位记录档案（电子版），涉及历史文献、照片、图纸资料等，共计 7166 张，数据量达 40G。

宋苏文忠公笠屐像拓片（六榕寺 藏）　　《浴日亭追次东坡韵》碑拓片（南海神庙 藏）

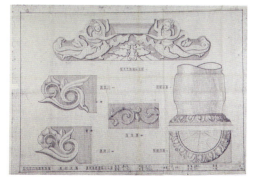 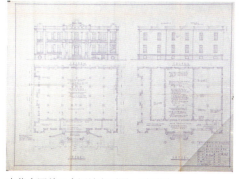

光孝寺建筑构件大样图
（1953年绘，光孝寺 藏）

中华全国总工会旧址立面图、平面图
（1958年绘，广东革命历史博物馆 藏）

文物保护工程勘察设计及保护规划编制

"十三五"时期完成市级文物保护单位双清楼修缮工程勘察设计、广交会旧址外立面整治设计，并参与全国重点文物保护单位西汉南越王墓、光塔的保护规划编制。

广州市文物保护单位——双清楼

修缮前的正立面

修缮后的正立面

修缮前的东边间二楼

修缮后的东边间二楼

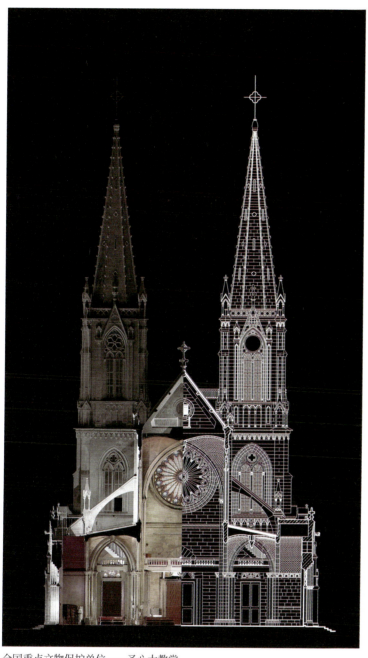

全国重点文物保护单位——圣心大教堂

文物建筑专项调查及测绘

全市范围内共调查 437 座传统建筑，登记、拍摄各类壁画 4598 幅。梳理出全市 110 处工业遗产清单，分四期开展调查研究。同时，有步骤开展广州城防遗迹调查，并对古桥、古塔与重要文物建筑进行三维扫描及测绘。

圣心大教堂

广东省文物
保护单位——
仁威庙

工业遗产调查
紫坭糖厂

太古仓

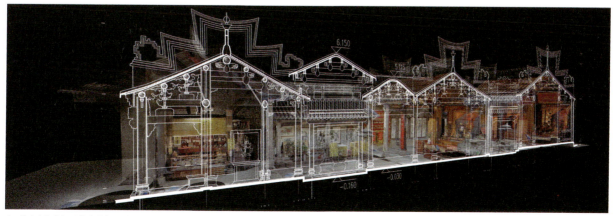

仁威庙剖面点云与测绘图叠加

广州第一批文物保护利用典型案例

　　十八大以来，广州市积极强化文物保护制度建设，加大经费投入，创新保护工作机制，一大批不可移动文物得到及时修缮保护，一些重要文物得到有效活化利用，全市文物保护利用工作得到了大发展，也获得了国家文物局的认可。

　　2020年4月，由广州市文化广电旅游局主办，广州市文物考古研究院、广州市建筑遗产保护协会等协办，组织开展广州市第一批文物保护利用典型案例推介活动。典型案例分为两类：一为典型项目类，即以特定不可移动文物为对象的保护和活化利用项目；另一为典型区域类，即广州市各区文物行政部门在综合性保护、执法监管、活化利用等方面行之有效的创新性举措。经方案征集、资格审查、案例初评、公示投票、专家复核、案例终评等流程后，最终评选出杨匏安旧居修缮及活化利用、番禺区文物"三级联保"体系等15项典型案例（13项典型项目、2项典型区域），以推动广州市文物事业更上新台阶，为实现全面小康增光添彩。

广州市第一批文物保护利用典型案例推介活动时间表

4月15日	**活动启动** 广州市文化广电旅游局向社会发出开展广州市第一批文物保护利用典型案例推介工作的公告。
5月10日	**申报截止** 经广州市各区文物行政部门及相关单位积极推荐，共收集到47份文物保护利用典型案例申报材料。
5月19日	**案例初评** 邀请文物保护专家、行业协会代表组成初评小组，经评议，有22项典型案例（19项典型项目、3项典型区域）入围初评。
5月23日—6月3日	**公示投票** 22项入围初评项目在广州市文化广电旅游局微信公众号向社会公示并向公众开通网上投票通道。
5月28日—6月2日	**专家复核** 邀请文物保护专家对入围初评的典型案例逐个进行现场复核，并提出复核意见。
6月5日	**案例终评** 邀请文物保护专家对网络投票结果和专家复核意见综合考虑后，推选出15项典型案例（13项典型项目、2项典型区域）。
6月9日	**案例推介** 于2020年中国文化和自然遗产日到来之际，在广东民间工艺博物馆举行广州市第一批文物保护利用典型案例推介活动。

逵园保护利用项目

逵园位于越秀区恤孤院路，是全国重点文物保护单位，是广州东山五大侨园之一，也是确定中共三大会址所在位置的重要坐标。该项目是私有文物建筑保护利用的典范，充分综合了文物及社区环境等因素，以艺术推广的方式，完成文物的活化利用，并在所处社区起到了很好的带动作用，是文物活化利用与文化艺术推广有机结合的范例。

南越国宫署遗址二三区回填保护及展示工程

南越国宫署遗址位于越秀区中山四路，全国重点文物保护单位，见证了两千多年来广州作为岭南地区政治、经济和文化中心的发展历程。该项目在城市核心区开展大面积的考古遗址保护展示，是城市考古与文物保护的典范。以回填保护及概念性复原展示形式，实现了有效的遗址保护，提升了遗址的可读性与观赏性。

杨匏安旧居修缮及活化利用项目

杨匏安旧居位于越秀区越华路，广东省文物保护单位。杨匏安是华南地区系统介绍马克思主义的第一人。省、市、区政府合力组织多方力量，以保护展示为切入点，还文物以"尊严"，宣传革命烈士的生平事迹，用好红色资源，传承好红色基因，在提升古迹活力的同时，改善了文物周边环境的面貌，是文物建筑修缮及活化利用典型。

万木草堂保护与活化利用项目

万木草堂位于越秀区中山四路长兴里，全国重点文物保护单位，是"戊戌变法"的策源地。万木草堂的华丽"蜕变"，不仅得益于修缮，还通过采用新的合作方式，委托社会力量管理，为文物保护管理体制机制创新，做出了有益探索。将原功能与新功能混合，形成品牌效应，持续开展各类教育活动，致力于社会服务，不断实现文物资源应有的公共文化属性，成效显著。

李小龙祖居活化利用项目

李小龙祖居位于荔湾区恩宁路永庆坊，荔湾区登记保护文物单位。在永庆坊微改造工程中完成修缮保护，并作为李小龙生平展览馆对外开放，受到广泛欢迎。经过精致的"绣花"工夫，深挖历史文化蕴藏，从而脱胎换骨，成为具备地域特色的公共文化空间，为公众留住城市记忆，留住乡愁。

陈家祠预防性保护及展示提升项目

陈家祠位于荔湾区中山七路，全国重点文物保护单位，是岭南宗祠建筑工艺集大成的代表性杰作。以动态监测为主要技术依托的预防性保护工作，是近年我国文物保护理念不断发展的结果。该项目为全省高保护等级文物建筑的预防性保护工作，积累了数据和经验，从而为后续同类项目的开展树立了标杆。

善世堂修缮工程

善世堂位于番禺区石楼镇，广东省文物保护单位，并通过政府的合理引导，族人、村民、志愿者等多方参与，群众自主性程度很高，改变了以往较常见的由文物部门"一手包办"现象，引起了社会各界的极大关注与支持，充分反映出基层民众的文物保护意识有了较大幅度的提升，是文物保护工作中政府与社会力量有机融合的范例。

九成书院活化利用项目

九成书院位于番禺区大龙街新桥村，番禺区登记保护文物单位，始建于清嘉庆二十五年。1920 年曾作儿童启蒙的"养政国民学校"，现为"新桥小学"。通过对文物建筑功能的合理定位，秉承"九成"精神内涵，延续"书院"原有功能，加强醒狮、武术等传统文化对青少年的影响，使优秀文化基因得以传承，成为区域青少年研学及非遗传承基地。

南海神庙及码头遗址展示和整治工程

南海神庙位于黄埔区庙头村，全国重点文物保护单位，是中国四大海神庙中唯一保存下来的古代官方祭祀场所，是展示海上丝绸之路文化的重要物质载体。该项目的实施，优化了南海神庙前广场的空间布局，改善文物点之间的视觉通廊，丰富了景观内涵。码头的完整展示，凸显了南海神庙临江历史地理环境风貌，提升了海上丝绸之路代表性史迹点的展示效果。

玉喦书院（含钟氏大宗祠建筑群）修缮保护工程

玉喦（yán）书院位于黄埔区萝峰山，广东省文物保护单位，始建于南宋，是广州最早的书院之一。精心组织施工，慢工出细活，严格按照真实性与完整性原则，保护和恢复了玉喦书院的历史面貌。重新开放后的玉喦书院举办以书香传承为特色的各类文化活动，书院与"萝岗香雪"相得益彰，实现文物与景区旅游有机融合和发展。

兆年家塾保护与活化利用项目

兆年家塾位于白云区金沙街沙凤村，白云区登记保护文物单位，建于1900年。该建筑由私人业主自行出资修缮，属于城市更新中社会力量保护文物的典型案例。业主高度的文物保护意识，使文物能够在旧村改造过程中得到较好的保护与利用，成为社区文化传承载体及亮点，表现出公众自发保护文物，反哺社会的良好风尚。

平和大押旧址活化利用项目

平和大押旧址位于白云区均禾街，广东省文物保护单位，由白云区政府组织修缮保护，并辟为区民俗文化博物馆。该项目尊重历史景观，以博物馆展览功能为辅，展示建筑原使用功能，融入民俗文化素材，服务基层，服务社会，提升了群众文化生活品质，为文物在社区中活化利用提供了新思路，使文物建筑焕发出持续活力。

阮海天故居修缮保护与陈列布展项目

阮海天故居位于增城区仙村镇竹园村，增城区登记保护文物单位。阮海天是增城仙村人，抗战爆发后，在增城组建抗日武装，打响了增城人民武装抗日第一枪。该项目最大限度保持传统民居样式的真实性，依托革命先辈故居及革命事迹，传播红色文化，建成具有地域背景的红色教育宣传阵地，成为区域红色旅游线路的重要节点。

黄埔区文化遗产监督保育工作站

黄埔区由政府主导，引入专业社会力量，于2014年创建了"黄埔区文化遗产监督保育员工作站"。2017年、2018年荣获"广东省文化遗产保护突出贡献团体称号"、全国第十届"薪火相传文化遗产筑梦者杰出团队"等称号。实现政府部分行政职能下放，在为基层政府机构减负的同时，提高了工作效率，为一线文物巡查保护工作及基层治理模式提供了有益经验。

番禺区文物"三级联保"体系

番禺区不可移动文物众多，保护任务繁重，通过组建文物"三级联保"体系，分级负责，及时跟踪文物保护现状，为制定专门的解决方案打下基础。安排专职工作人员全程跟进文物保护工程项目推进，精准施策，面对难题，早发现、早解决，细分工作流程，化繁为简，有效推进文物修缮，使全区不可移动文物保护成效显著。

第三部分

历史记忆

传承

要加强文物保护和利用，加强历史研究和传承，使中华优秀传统文化不断发扬光大。

让历史说话，让文物活起来，让历史文脉传承。

五年来，广州文物部门不断加强文化遗产抢救、保护、研究工作，同时，不断加强对文化遗产的传播和传承。积极组织公众考古活动，将火热的考古工地变成生动的历史课堂。举办考古成果展览，让公众及时分享考古新成果。开发文化创意产品，让古代文化元素融入现代都市生活。

"十三五"时期，广州市文物考古研究院除考古调查报告、勘探报告、发掘报告等日常工作报告800余册外，还开展各类资料整理，编写考古报告专刊、展览与地上史迹相关图录，累计发表考古发掘简报12篇，出版《鲁山杨南遗址》《广州从化流溪河流域考古调查报告》《广州出土汉代珠饰研究》《汉风唐韵——五代南汉的历史与文化》《广州传统建筑壁画选录》等专著。

南汉二陵博物馆首个广州考古发掘项目成果展"州城外 珠江边——解放中路安置房项目考古成果展"荣获第三届（2019～2020年度）广东省博物馆陈列展览最具成长奖。

焕发文物活力 赋彩美好生活

广州考古从来没有停止公众共享的步伐，尤其是2019年5月17日南汉二陵博物馆开放以来，公众考古体验探索、地上研学与社教活动的展开更是如火如荼，社教活动产生的一系列作品也成为大众对考古、对传统文化创新性思维的最佳阐释。

利用博物馆建筑及馆藏文物元素进行的一系列文创开发，虽然工作刚刚起步，但在直播、现场活动等环节实现了让观众把文化遗产、博物馆文化带回家的目的。

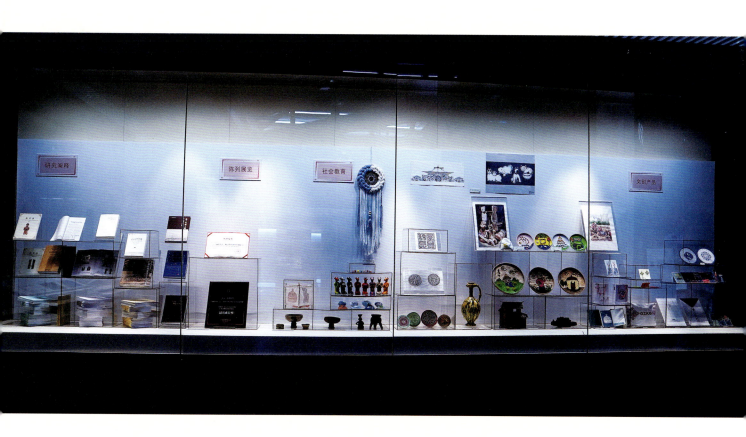

窗花

纹饰来源

帆布包

礼品袋

纹饰来源

黄釉莲花纹金属书签

便利贴

文物原型

贴纸

T 恤衫

纹饰来源

卡包

卡套

纹饰来源

陶瓷杯

陈列展览

　　广州市文物考古研究院一直致力于将考古成果与社会公众全面深度分享。在 2019 年南汉二陵博物馆开放前，已在增城图书馆、广州图书馆及新疆维吾尔自治区喀什博物馆等地举办了多个专题展览。开放后，利用本馆优势资源，除"云山珠水间——考古发现的广州"和"汉风唐韵——五代南汉历史与文化"两个基本陈列，以及精心打造的公众考古活动中心外，还举办了 6 个临时展览。同时，利用不同考古工地举办规模不等的图片展，共享考古成果的同时不断强化文物保护意识。

社会教育

"十三五"时期，广州考古工作者积极开展公众考古活动，利用考古现场组织公众参观体验，把火热的考古工地变成生动的历史记忆课堂，拉近了公众与考古之间的距离，丰富了人民群众的精神文化生活，增强了公众对考古工作的认知、关注和支持。

2019 年 5 月 17 日博物馆开放以来利用博物馆平台开展"我们的节日"系列活动、5·18 国际博物馆日活动、6 月文化和自然遗产日活动，还创建了"公众考古体验探索营""我在南汉二陵博物馆修文物""绘画历史 祝福祖国""关注来穗候鸟"等自有品牌活动。

考古工地研学　　　　　　　　　　　　　　　　　　　　　　　　教育活动

馆校共建

社教活动成果

贝壳彩绘

生肖俑 DIY

贝壳盘子画

瓦当翻模作品

纸黏土制作的陶船模型

瓦楞纸制作的陶屋模型

陶瓷创意作品

仿烧唐三彩壶

结 语

　　党的十九大报告提出，坚定文化自信，加强文物保护利用和文化遗产保护传承。

　　广州的考古遗产、文物史迹，是广州城市记忆的重要载体，是广州的根脉和灵魂，是岭南文化的重要内容，是宝贵的历史文化遗产。做好广州文化遗产的抢救、保护、研究、传播和传承，推动岭南文化创造性转化、创新性发展，将为广州建设岭南文化中心和国际大都市、建设 21 世纪海上丝绸之路提供深厚历史土壤和强大文化支撑。

　　新时代、新起点，广州的文化遗产保护事业必将迈上新台阶。